# 体育与健康

主　编　万成武　卢彦超　林文丰
副主编　王晓东　周亚利　宗平华

中国言实出版社

**图书在版编目（CIP）数据**

体育与健康 / 万成武 , 卢彦超 , 林文丰主编 . — 北京 : 中国言实出版社 , 2023.9

ISBN 978-7-5171-4571-4

Ⅰ . ①体… Ⅱ . ①万… ②卢… ③林… Ⅲ . ①体育—高等学校—教材②健康教育—高等学校—教材 Ⅳ . ① G807.4 ② G647.9

中国国家版本馆 CIP 数据核字 (2023) 第 161802 号

**体育与健康**

责任编辑：张天杨
责任校对：王建玲

出版发行：中国言实出版社
　　　　　地　址：北京市朝阳区北苑路 180 号加利大厦 5 号楼 105 室
　　　　　邮　编：100101
　　　　　编辑部：北京市海淀区花园路 6 号院 B 座 6 层
　　　　　邮　编：100088
　　　　　电　话：010-64924853（总编室）　010-64924716（发行部）
　　　　　网　址：www.zgyscbs.cn　电子邮箱：zgyscbs@263.net

经　　销：新华书店
印　　刷：涞水建良印刷有限公司
版　　次：2023 年 9 月第 1 版　2023 年 9 月第 1 次印刷
规　　格：787 毫米 ×1092 毫米　1/16　12 印张
字　　数：307 千字

定　　价：49.90 元
书　　号：ISBN 978-7-5171-4571-4

# 前言 PREFACE

大学体育是高等教育的重要组成部分，是对大学生进行体育教育，促进其全面发展的重要手段，它以体育课程教学、课外体育活动、课余体育训练和课余体育竞赛等为主要载体。体育课程是学校体育教育的核心内容，是以身体练习为主要手段，以增强学生体质、增进学生健康和提高学生素养为主要目标的公共必修课程，是学校课程体系的重要组成部分，也是高等学校体育工作的中心环节。大学体育课程将促进学生身心和谐发展与提高学生思想品德水平、科学文化素养有机结合，并融入生活与体育技能教育，是实现素质教育和培养全面发展人才的重要途径。

党的二十大报告指出，"加强青少年体育工作，促进群众体育和竞技体育全面发展，加快建设体育强国"。为了实现大学生"德智体美劳"全面、协调、可持续发展，为国家培养合格的建设人才，我们组织专家编写了这本针对性强、适用面广、特色鲜明的《体育与健康》。

本书分为基础理论篇和基本技能实践篇，具体包括体育与健康概论、运动损伤与运动处方、田径运动、传统大球类运动、传统小球类运动、健身健美、传统武术、游泳，以及休闲体育等方面的理论和实践知识。

在本书编写过程中，我们参考了大量国内外同类教材和有关文献，谨此向相关作者致以最诚挚的谢意。由于编者学术水平有限，书中难免有疏漏与错误，敬请有关专家、学者以及广大读者给予批评指正，以便编者进一步修订和完善。

编　者

2023 年 6 月

# 目录 CONTENTS

# 第一篇

# 基础理论

# 第一章
# 体育与健康概论

## 第一节　体育概述

### 一、体育的概念

体育作为一种社会现象，随着人类社会的出现和演化而不断产生和发展。体育的本质是根据生产和生活需要，遵循个体身心的发展规律，以身体练习为基本手段，为增强体质、提高运动技术技能水平、提升个人意志力和丰富社会文化生活而进行的一种有意识、有目的的社会活动。体育是伴随人类社会发展而逐步建立和发展起来的一个专门的学科。

"体育"一词在人类历史上出现得比较晚，但实际上有着悠久的历史。体育萌芽于原始社会。原始人类依靠个体或群体行动，通过采集野果、狩猎、捕鱼等方式获得各种食物，维持个体或群体的生存。他们的思维还停留在一种懵懂的状态，其生活极为简单，生产工具极为简陋。在原始社会虽不复杂却极其艰苦的劳动中，偶尔的竞技性和娱乐性的活动并不能体现出体育的特征。因此，原始人类进行的具有体育性质的活动，只能说是一种生活技能的展示或传承。

体育是指以身体活动为手段的教育，直译为"身体的教育"，简称为体育。在我国，体育是教育的一部分，主要是指通过身体进行教育。

随着社会的进步和体育事业的不断发展，体育的内涵进一步延伸，其基本概念也出现了广义和狭义之分。广义的体育是指以身体练习为基本手段，结合自然环境因素和卫生措施，为达到增强体能、增进健康、丰富社会文化娱乐生活等目的而进行的一切社会活动。狭义的体育是指在学校教育环境中，以指导学生学习和掌握体育的基本知识和技能为基本方式，旨在帮助学生形成体育锻炼意识，提高体育活动能力，增进身心健康的教育活动。体育对于促进身体的正常发育和发展，提高人们的心理健康水平，增强人的社会适应能力，培养全面发展的人才具有重要的作用。体育既是教育的有效手段，又是教育的重要内容。

"体育"较通用的概念为："体育是以身体活动为媒介，以谋求个体身心健康、全面发展为直接目的，并以培养完善的社会公民为终极目标的一种社会文化现象或教育过程。"这一定义既说明了体育的本质属性——"发展体育运动，增强人民体质"，又指出了它的归属范畴——"是教育内容的重要组成部分"，还对应了我国的教育方针——"培养德智体美劳全面发展的社会主义建设者和接班人"，同时也把体育和与其相似的社会现象相区别。

## 二、体育的起源与发展

从萌芽至今，体育的发展经历了漫长的历程，大致可以将其分为古代、近代和现代三个阶段的发展时期。

### （一）古代体育

古代体育以古希腊体育和古罗马体育为典型代表。在古希腊，从原始社会向奴隶社会过渡时期，城邦之间战争不断，奴隶主十分重视"尚武教育"，其主要内容由战斗式体育项目组成，如马车赛、摔跤、拳击、标枪、掷铁饼、射箭、跳远和竞走等。

那时人们把体育作为造就公民、增强国力、抵御外敌的手段来大力发展。古希腊定期举行奥林匹克运动会，它不仅代表古希腊时代体育运动的最高成就，也为现代奥林匹克运动会提供了典范。

中国古代体育源远流长，其初始可以上溯到史前的蛮荒时代。远古先民在采集和渔猎的生活中，逐渐创造出石球、石、舟等工具；又因为生存需要，投掷、射箭、游泳、奔跑、跳跃、攀登等便成为他们日常生活中最普遍的肢体活动。人类体育运动的雏形便由此孕育出来。

在古代体育发展过程中，人类积累了经验，逐渐认识到体育活动与身体变化之间的关系并进行实践。然而，古代体育是一种经验体育，还缺乏对身体变化规律的深入认知，带有相当的盲目性和自发性，主要依赖于习俗而自我维系和自发调节。

### （二）近代体育

近代体育随着近代资本主义的发展，其近代体育理论和实践逐渐产生、发展、兴起。这个时期的体育已经不再是过去那种简单的以生存技能活动为主的体育了。体育在逐渐形成独立形式的过程中，不仅与教育的发展紧紧地联系在一起，而且与军事、医学、艺术、宗教、休闲娱乐等活动的发展有密切的关系。正是在与这些活动相互影响和相互作用的过程中，体育逐渐形成了自己的独立形态。近代体育比古代体育更注重教育性、阶段性、竞技性和娱乐性，尤其是其竞技性和娱乐性得到了前所未有的增强，成为个体或国家强大的一个重要的标志。

欧洲宗教改革运动与法国启蒙运动的开展使人进入自觉审视自身的新阶段。三次科学技术革命和工业革命的到来，极大地扩展和提高了人认识世界、改造世界的能力，进而也就扩展和提高了人认识自己的能力。人体活动与自身变化之间的联系及其规律一步步被揭示、被深化，人们开始比较自觉地运用身体活动，并利用已经获得的对身体活动的科学认识，开始有意识地设计、改善自身身体素质。

我国对"体育"的认识和理解经历了一个逐步成熟的发展过程。"体育"这个词语刚传入我国时，它的本义是"身体的教育"，是近代教育的一个组成部分，是与维持和发展身体的各种活动有关联的一种教育过程。洋务运动时期，"体操"一词传入中国。此时，"体操"同"体育"并用，两者概念几乎相同，在军事学堂还开设了体操课。直到1923年，北洋政府教育部"新学制课程标准起草委员会"颁布了《中小学课程纲要草案》，才正式将"体操课"改为"体育课"，"体育"与"体操"从此代表不同的含义。之后，"体育"这个概念的使用范围越来越广泛。

近代后期，科学化成为体育的基本特征，体育开始成为独立的学科体系，学者注重运用科研成果作为体育发展的基础理论，体育运动已经具有了竞争性和国际性及相应的产业性，成为培养和造就全面发展人才的重要内容和手段，这一时期体育项目和规模的发展速度都远远地超过了以前，现代体育呼之欲出。

### （三）现代体育

随着工业化的发展，经济、政治、军事、科学技术、文化生活高度发达，社会生产和生活方式的巨大变革极大地推动了体育的发展和变革。随着现代工业化的发展步伐，现代体育逐渐形成了独立的学科体系，成为不同人群、不同民族和不同国家普遍接受的一种现代生活方式，体现出科学与艺术结合的独特魅力。

到了 21 世纪，体育越来越受到各国的重视。西方发达国家将体育作为选拔人才的重要标准，体育在入学、就业乃至竞选中都成为重要的参考标准之一。新中国成立后，国家成立体育主管部门，我国的教育方针将"体育"与"德育""智育""美育""劳动技能教育"并举，形成"五育"体系。

党的二十大报告中指出，到 2035 年，我国发展的总体目标有"建成教育强国、科技强国、人才强国、文化强国、体育强国、健康中国"。体育是提高人民健康水平的重要途径，是满足人民群众对美好生活向往、促进人的全面发展的重要手段，是促进经济社会发展的重要动力，是展示国家文化软实力的重要平台。

## 三、体育的组成

体育一经产生便具有了丰富的内容，它的发展不是孤立的，而是随着人类本身的发展和社会交际的需要而发展的。生产力的发展和提高，科学技术的进步与应用，又为体育发展提供了良好的条件，体育又被人们公认为文明的窗口、国与国交流的使者、科学与进步的标志。体育由学校体育、竞技体育和社会体育三部分组成。

### （一）学校体育

现代社会力求的是德、智、体、美、劳全面发展的人才。由于体育是培养全面发展人才的重要内容和手段，所以，社会对体育的需求和期望很高。同时体育也是教育的重要组成部分，青少年体育事业的发展可以为我国竞技体育培养大量的后备人才，在国际舞台上展现我国的强大实力。少年强则中国强，体育强亦中国强，体育兴而国运兴。加强青少年的体育工作，对于国家未来发展的重要性不言而喻，建设体育强国应从青少年抓起。

学校需采取措施保证体育教育实施效果，从而使其与其他教育内容共同构成一个完整的教育过程，使学生德、智、体、美、劳得到全面发展。由于它处于教育和体育的交叉点和接合部，因此，学校体育成为国家体育事业发展的重点。

许多高校根据企事业单位对人才的需求，结合实际，研究并制定了本校的人才培养方案，组织实施"体育"与其他"四育"相联系的学生综合素质考核并将其设定为毕业的必要条件。由此而论，在强烈的社会需求推动下，体育事业得到了迅猛发展，对社会的物质文明和精神文明建设起到了重要的促进作用。尤其是在当今科学技术和社会高速发展的驱动下，体育已经成为具有广泛社会性和国际性的、大规模的特殊文化事业，对人类社会生活的发展产生了巨大的推动效应。

### （二）竞技体育

竞技体育，"Sport"源于拉丁语"Cisport"，其原本含义是离开工作进行的游戏和娱乐活动。它强调了诸多的娱乐功能，是社会文化不可分割的一部分。20世纪70年代以来，随着社会的发展，强调竞技的竞赛渐渐成为主流。虽然现代竞技运动还保留着游戏和娱乐的因素，但这些因素已经退到次要地位了。现代竞技体育具有以下特点。

第一，具有强烈的对抗性和竞赛性。人类不仅要付出身体上的努力，还要对智力与非智力因素进行激发和利用，这也是竞技体育最为突出的特征。

第二，竞技体育的竞赛一般都具有国际性，有明确且世界公认的竞赛规则。这些规则有史可查，具有公信力。因此，竞赛的结果也会得到认可。如在现代奥林匹克运动会中，一个国家在金牌榜上的排名往往在一定程度上说明它的体育水平在世界上的地位。

第三，竞技体育往往以团体为参加单位，各代表团成员分工明确，为荣誉而战。它不再像单纯的游戏一样，仅仅是为了个人的消遣或娱乐，而是在很大程度上强调胜负。

同时，由于竞技体育的运动员技艺高超、观赏性强，体育比赛的运营有相当的受众市场。足球、篮球、排球、田径、乒乓球比赛的收视率数据表明，体育项目的收视率会因大型赛事的到来而迅速提高。竞技体育可以传播精神力量，如中国女排精神等，其在活跃社会文化生活、振奋民族精神、促进各地人民之间的友谊和团结等方面，有着特殊的教育作用。

### （三）社会体育

社会体育，又叫大众体育或群众体育。它是随体育事业不断发展而衍生出来的新的体育形式，是一种以健身、娱乐、休闲、医疗和康复为目的的体育活动，它最大的特点是具有全民参与性。常见的娱乐体育、休闲体育、余暇体育、养生体育或医疗体育均在此范畴之内。从世界发展的趋势来看，社会体育作为现代体育发展的重要标志，无论是普及程度还是开展规模，都不亚于竞技体育。我国的社会体育在20世纪80年代到90年代得到蓬勃发展。随着全民生活水平的提高，人们的体育意识和健康意识也日益提高，开始把健身器械引进家庭，并涉足保龄球、网球、台球、高尔夫球等消费较高的体育活动，远足、探险等体育活动也方兴未艾。不仅如此，各种体育俱乐部、体育健身乐园、健康娱乐中心如雨后春笋般涌现，吸引着大批体育爱好者。这些现象表明，我国社会体育已经进入一个新的发展阶段。

进入21世纪，随着工业化、信息化和知识经济时代的到来，科学技术和生产力的发展都达到了人类社会前所未有的水平，体育的地位日益提高，已成为世界的共识。体育事业的繁荣成为国泰民安的标志。体育，不仅是一种现代生活的时尚，也是一种平衡人际关系的有效工具，还是一种具有凝聚力的民族文化，更是人们度过闲暇时光的理想娱乐方式，让社会和谐、家庭幸福。

## 第二节　体育的功能

体育课是大学教育的重要组成部分，是实现我国大学体育教育目的、任务的主要途径之一。

《学校体育工作条例》（2017 年修订）规定："普通高等学校的一、二年级必须开设体育课。普通高等学校对三年级以上学生开设体育选修课。"

体育能够存在且不断发展的关键在于体育本身的特点和社会的需要。体育的功能可以归纳为健身功能、教育功能、经济功能、政治功能、促进个体社会化功能、社会情感功能、娱乐功能等。

## 一、健身功能

体育是通过身体运动的方式来进行的，它要求人体直接参与各种活动。这是体育最本质的特点之一，决定了体育具有健身功能。

### （一）体育能改善大脑的供血情况，调节中枢神经系统，使人头脑清醒、思维敏捷

大脑是人体的"指挥部"，人体一切活动的指令都是由大脑发出的。大脑的质量一般约占人体质量的 2%，但它所需要的氧气占由心脏输出氧气总量的 20%。脑力劳动者长时间伏案工作时，其机能活动特点是呼吸表浅、血液循环慢、新陈代谢低下，腹腔器官及下肢部分血液停滞。长时间脑力劳动让人感到头昏脑涨，就是因为大脑供血不足、缺氧。

进行体育运动，特别是到空气新鲜的大自然中活动，可以很快改善大脑的供血情况，增强神经功能的均衡性和灵活性，机体对体外刺激的反应更加迅速、准确，大脑的综合分析能力得到加强，从而使整个机体的工作能力随之得到提高。

### （二）体育能促进有机体的生长发育，提高运动能力

人的生长期为 20 ～ 25 年。所谓生长，是指细胞的繁殖和细胞间质的增加所形成的形体变化，它是人体量变的过程。而发育则是机体各器官系统结构的逐渐完善，生理机能逐渐成熟的过程。

骨骼是人体的支架。骨骼的生长发育不仅对人体形态有重要影响，而且对内脏器官的发育，对人的劳动能力和运动能力都有着直接的影响。骨骼的生长是软骨不断增生和骨化的结果，体育运动能刺激软骨增生，从而促进人的骨骼的生长。经常参加体育运动能使骨骼变粗，骨密质增厚，骨骼抗弯、抗折的能力增强。

人体的运动是通过肌肉收缩来完成的，肌肉本身又是体现人体外形美的重要方面，发达而结实的肌肉还能提高劳动能力和运动能力。经常从事体育运动，可以改善血液供应状态，为肌肉补充营养，特别是蛋白质的含量，使肌肉纤维变粗，工作能力加强。一般人的肌肉的质量只占体重的 40% 左右，而运动员的肌肉质量可以占体重的 45% ～ 50%。运动还可以促使肌肉储备更多的能量，以适应运动和劳动的需要，从而提高人的运动能力和劳动效率。

### （三）体育能促进人体内脏器官的改善和机能的提高

体育运动能使人体内能量消耗增加，代谢产物增多，新陈代谢旺盛，血液循环加速，从而使循环系统、呼吸系统、消化系统、排泄系统的机能得到改善，使心脏、肺等器官在结构上发生变化。经常运动可促进心肌力增强、心壁增厚、心脏容积增大。运动还可使脉搏输出量增加，降低心搏频率，出现"节省化"的现象。肺的功能也会因运动而提高，经常运动的人肺活量大，呼吸深度强。

### （四）体育健身能调节人的心理，使人朝气蓬勃、充满活力

体育运动能使人心情舒畅、精神愉快，调节人们某些不健康的情绪和心理，如意志消沉或情绪沮丧。跑步能一定程度上减轻学生在考试前出现的焦虑情绪，有紧张、烦躁等情绪的学生，散步 15 分钟后，紧张的情绪会有所缓解，烦躁的心态也会松弛下来。

## 二、教育功能

人们能够从体育竞赛中得到令人振奋的精神力量，这使得体育竞赛往往具有超越本身的价值和不容忽视的教育作用。比如在国际比赛中，运动员必须按规定佩戴所代表国家的鲜明标志，而竞赛规则又规定比赛结束颁奖时，要升国旗、奏国歌，这就更增加了体育竞赛的国家意识。一场重大的国际比赛，能引起世界各国瞩目，获胜的国家往往出现举国狂欢的景象。特别是随着国际性通信网络的发展，人们可以通过电视直接看到万里以外的比赛情况，体育运动更有了一种富有感染力、易于传播的精神力量。这就使体育运动与人民生活更加息息相关。由此可见，体育运动的教育作用是十分广泛、非常深刻的。

## 三、经济功能

如今，社会对体育需求不断增长，体育产业已成为一个新兴产业，具有良好发展趋势。一些国家和地区非常重视发挥体育的经济效益。如欧洲一些国家的奥委会每年收入数亿美元，不但不需要政府拨款，反而可向政府缴纳相当可观的税费。体育运动经济效益的实现主要有以下途径。

第一，从大型比赛中获取收入，如出售体育比赛的电视转播权、收取体育赛事的广告费、发售体育彩票、发行纪念币、出售门票等。

第二，在日常体育活动中增加收入，如提供带有体育设施的健身房、娱乐场所等。

第三，获得国家、企业、个人或国际重要赛事组织在运动器械、服装等物质产品上的赞助。

## 四、政治功能

体育运动具有明显的政治功能，主要体现在以下方面。

第一，为国争光，提高民族自信心和自豪感，提高国家声望，振奋民族精神。国际体育竞赛不仅是国与国体育运动实力竞争的舞台，也是展示一个国家的政治、经济、文化水平的窗口。因此，比赛的胜负关系国家的荣誉，世界各国无不重视体育运动的政治意义。

第二，为国家外交服务。国际体育竞赛可以跨越世界上各种语言和文化的障碍而进行，所以，人们把体育看作一种为外交活动服务的文化交流工具。

我国新时代的体育对外交往，立足中华民族伟大复兴战略全局和世界百年未有之大变局，积极服务国家总体外交和体育强国建设，推动体育对外交往成为中国特色大国外交的重要组成部分，进一步提升我国在全球体育治理格局中的参与度和贡献度。我国高度重视体育在国家总体外交中的价值和作用，充分利用重大外交场合和重大体育活动开展元首体育外交，展示大国形象，推动人文交流，支持体育发展。

第三，提高国家向心力，促进团结。体育运动是联合各民族的纽带，是沟通各阶层、各党派、各团体之间关系的桥梁，是维护国家统一的催化剂。

## 五、促进个体社会化功能

体育运动具有群体性、个体性特征，自然具有个体社会化意义。个体社会化，即人的社会化，是指生物意义上的人变成社会体系中的人的过程。要成为一个社会体系中的人、一个社会群体所需要的人，就必须学习社会或群体的规范，了解社会或群体对他们的期待，从而逐步具有这一社会或群体成员所要求具备的知识、技能、态度、情感和行为等。

在人的社会化过程中，体育运动起着非常重要的作用，不论是作为内容还是作为手段，体育运动都是不可缺少的。因此，体育运动具有促进个体社会化的功能，具体体现在以下几点。

第一，教导基本生活技能。人的基本生活技能都是经过后天学习获得的。体育运动是培养这些技能的主要手段和途径之一。比如，医护人员给婴儿做的被动体操，既是婴儿发展身体的过程，也是为其掌握基本生活技能打基础的过程。对于幼儿来说，体育游戏更是他们生活中的主要活动内容之一，能够促进他们的生长发育，增强他们的身体素质。他们在游戏中可以学会走、跑、跳、攀登、搬运等最基本的生活技能，从而提高自身的生活能力。

第二，传授文化科学知识。青少年需要学习的文化知识中，有关身体健康和体育运动的知识是十分重要的。这些知识是青少年学会合理、健康生活方式的前提条件。在人的社会化过程中，有必要在童年时期就让他们懂得如何健康生活，教他们学会合理且有益的休息方法，并且通过传授这些知识，不断使其接触各种文化知识、各种有益的活动，不断发展他们的精神需要，以培养他们学习、理解和享受人类所创造的物质文明和精神文明的能力。事实证明，只要关注青少年成长，不论在家庭还是学校，促进人的社会化的体育知识无所不在，无时不有。从保育员给孩子讲正确的坐姿，到小朋友们一起争论足球比赛规则，再到大学体育教师给学生剖析运动技巧，都是人的社会化所需要的基本知识。

第三，培养社会规范，发展人际关系。体育运动本身是一个有章可循、循序渐进且有一定约束力的社会活动，且是在裁判员或是教师、教练员的直接教育、辅导、监督下有组织地进行的活动。这对培养青年一代遵守社会规范具有强化作用。

体育运动实际上也是一个社会互动的过程。在体育活动中特别是在激烈对抗的比赛中，个人、集体会不时地经受着品德和意志的考验。比如，3 000 米、5 000 米长跑到了疲劳"极点"时，是坚持下去还是半途而废；对方犯规时，是"以血还血，以牙还牙"还是按规则提出抗议；篮球比赛时，因集体配合不够默契导致比赛失利时，是互相鼓励还是互相抱怨……这些都是自我教育或接受教师、教练员教育的良好机会。体育是使人学会处理人际关系、养成遵守社会规范习惯的一种方式。

## 六、社会情感功能

体育运动具有社会情感功能，而社会情感功能与人的社会心理稳定性直接相关。所谓社会心理稳定性，是指人的心理与社会心理相一致，或者说是人的社会心理达到平衡。体育可以调节人的负面心理。以体育竞赛为例进行说明。体育竞赛之所以引起人们的广泛关注或浓厚兴趣，就在于它包含着不可预测的竞赛结果，而人们往往对于这些结果寄予很大的期望。经常会看到这样的结果：一方处于弱势，却能"力挽狂澜，反败为胜"；一方优势领先，胜券在握，却"大意失荆州"。这两种结果、情境使人体验到紧张、痛快、敬佩、自豪等情绪，在参与比赛或观赏比赛的过程中人们发泄了自己的负面情绪，调整了失衡的心理。

体育运动独具一格，可以使人们在身体的活动中，对自己的健康、工作、生活和未来充满着期待和信心，从而使整个民族朝气蓬勃、生机盎然。综上所述，在不断调节社会心理平衡方面，体育运动起着"出气孔"和"安全阀"的作用，是一个不可取代且卓有成效的重要手段。

### 七、娱乐功能

体育运动由于内容的丰富性、形式的互动性和容易接受的朴素性，已经成为现代人业余生活的一个重要的组成部分，能起到丰富社会文化生活、满足人们精神需求的作用 —— 称其为体育的娱乐功能。我们每个人都面临着如何安排业余生活这个现实的社会问题。生活是丰富多彩的，健康文明的业余生活吸引着每个有志青年，如果科学合理地参与其中，不仅可以在繁忙的劳动之后得到休息，还可以陶冶情操，愉悦身心，培养高尚的品格。

总之，体育运动的七大功能是一个整体，它的各种功能既各有侧重，又互相交叉。体育功能的实现是有条件的，不是自然而然的结果。如健身功能并不是参加体育运动的必然结果，如果违背了科学规律和原则，盲目地锻炼身体或训练，不仅对健康无益，还可能造成意想不到的损害。

## 第三节　健康概述

### 一、健康、亚健康与理想健康

#### （一）健康的概念

健康的概念随着人类对客观世界认识的不断深化而逐渐改变。常见的健康概念是"无病、无伤和无残疾"或"健康是机体的一种动态平衡状态"等，但这并不能准确地诠释健康的全部内涵。

世界卫生组织（WHO）于 1948 年在其宪章中首次给健康明确了定义：健康不仅是免予疾病和衰弱，而且是保持体格方面、精神方面和社会方面的完美状态。此后，WHO 在 1978 年《阿拉木图宣言》中又重申了健康的含义，指出健康不仅仅是没有疾病或不虚弱，而且是身体、心理和社会适应等方面都具备良好状态。最近，WHO 指出："健康是基本人权，达到尽可能的健康水平是世界范围内一项重要的社会性目标。" 21 世纪初，WHO 根据健康的新含义，提出了 10 条健康的标准。

（1）有充沛的精力，能从容不迫地应付日常生活和工作压力而不感到紧张。

（2）处世乐观，态度积极，乐于承担责任，事无巨细，不挑剔。

（3）善于休息，睡眠良好。

（4）应变能力强，能适应外界环境的各种变化。

（5）能抵抗一般性的感冒和传染病。

（6）体重适当，身体匀称，站立时头、肩、臀的位置协调。

（7）反应敏锐，眼睛明亮，眼睑不发炎。

（8）牙齿清洁、无空洞、无痛感、无出血现象，齿龈颜色正常。

（9）头发有光泽，无头屑。

（10）肌肉和皮肤富有弹性，行走轻松自如。

### （二）亚健康

世界卫生组织指出，21世纪威胁人类健康的"头号杀手"就是"生活方式病"，即所谓的亚健康。现代医学将健康称作第一状态，疾病称作第二状态，将介于疾病与健康之间的生理功能低下的状态称作第三状态，也称亚健康状态。

自从人类步入现代文明社会，由于环境因素的急剧变化，心理压力、不良生活方式的出现，个体极易产生生理、心理及精神方面的障碍，并且造成机体始终处在一种不良的亚健康状态。这种状态表现为身体活动能力下降，常常感到疲劳、失眠、食欲缺乏、心情压抑及出现社交障碍。

### （三）理想健康

人们要想获得理想的健康状态，除了要摆脱疾病的折磨和威胁，还要积极改善自身的社会、心理、教育、运动和营养的状态，真正获得生理、心理和社会上的"三维"健康，从而享有完美的生活。所以，理想健康包含了很多层面的内容，它不但丰富了健康的本质，而且强调了获得健康的方式或途径。

## 二、健康连续体

所谓健康连续体，就是"理想健康—治疗（健康保障系统）—疾病"。一端是理想健康；另一端是疾病，严重缺乏健康会死亡，而中间的健康保障系统可防止疾病的扩展。

健康连续体解释了死亡、疾病、健康危险行动、健康的生活习惯和健康之间的关系。其中，健康的生活习惯是指有意识地追求更高的生理和心理健康状态；健康危险行为将使人处于介于病理症状和健康之间的亚健康状态。所以，个人要想获得健康，还有赖于个人、家庭、社会等各环节提供各种健康资源，积极消除危险因素，保持充满生机活力的身体和正常心理状态，这才是促进身心健康的最佳途径。

我国正在全面推进健康中国建设，深入开展健康中国行动和爱国卫生运动，倡导文明健康生活方式。党的二十大报告指出："人民健康是民族昌盛和国家强盛的重要标志。""把保障人民健康放在优先发展的战略位置，完善人民健康促进政策。""深化医药卫生体制改革，促进医保、医疗、医药协同发展和治理。促进优质医疗资源扩容和区域均衡布局，坚持预防为主，加强重大慢性病健康管理，提高基层防病治病和健康管理能力。"我国为人民的健康提供了可靠保障。

## 三、影响健康的主要因素

影响健康的主要因素是多方面的，分为先天遗传因素、后天多方面因素等，存在于生命的全过程。

### （一）先天遗传因素

遗传是指子代和亲代之间在形态结构和生理功能上的相似性，是一切生物共有的基本特征。人们是否能够达到健康目标，一定程度上取决于遗传控制内因素。遗传是决定或限制健康状态表现的直接因素，许多人的健康或不健康就是由各自的遗传决定的。

### （二）后天多方面因素

后天多方面因素大致分为环境、机体的生物学、生活方式、营养、体育锻炼等。

#### 1．环境

环境因素不可忽视。环境可不同程度地影响遗传所赋予的健康潜力的发挥，并最终决定健康可能达到的程度。环境可以分为自然环境和社会环境。人的机体从自然界摄取氧气和营养物质，并通过自身代谢产生有利于生命延续的物质。但是，许多环境因素却会对人的健康产生负面影响。如人体长时间暴露在污染的空气、水质和土壤等环境中，许多致病微生物（如病毒、细菌和真菌等）可直接侵入人的机体，引发各种疾病。无污染且优美和谐的自然环境，能够让人神清气爽、精神振奋、生机勃勃、呼吸平稳畅通、内分泌正常，对人的生理和心理活动起着重要的作用。良好的社会环境能够给人们的生存、生活带来愉悦的心情、无限的生机。良好的社会制度、优越的物质生活条件和道德水准、科学的文化氛围、健全的医疗保健设施等都为人的体质增强创造了必要的条件。

#### 2．机体的生物学

人类虽然与其他任何物质一样，主要由碳、氢、氮、氧等元素构成，但这些元素以其特定的方式构成了分子、细胞、器官和系统，最后构成了高度复杂的人体。人的机体一方面与外界环境不断发生反应，以维持人体的平衡；另一方面，人的机体本身会产生一系列的生命活动，如新陈代谢、生长发育、防御疾病、免疫反应等。

#### 3．生活方式

合理的生活方式是指一个人根据自己的性别、年龄等特点，每天进行有规律的学习、工作、饮食、睡眠以及参加各种课余活动和体育锻炼的生活方式。遵循合理的生活方式对保持健康、增强体质、提高学习和工作效率具有重要意义。

#### 4．营养

营养和体育锻炼都是维持和促进人体健康的主要因素，营养是维持人类正常生长发育、保持健康与增强体质的重要外在因素。合理的营养能促进人的生长发育、增进健康、预防疾病、提高工作能力和效率。不合理的营养不仅影响人的生长发育、工作能力和效率，还会导致人身体衰弱，患上各种疾病。

#### 5．体育锻炼

世间万物都处在运动中，人体也是如此，机体时刻都在运动，如呼吸、心跳、血液流动等，通过进行有规律的、不间断的适当运动，人可维持人体良好的功能状态，精力充沛地从事学习和工作，达到健康长寿的目的。而缺乏运动的人，在身体的不同部位会产生不同的疾病，会出现身体适应性差、免疫力低、易患各种疾病的情况。青少年正处于身体急剧变化的发育期，体育运动是青少年生长发育的催化剂，保障健康生长发育。

### 四、理想健康概述

健康已经成为全世界人们关注的话题和追求的目标。体质是指人体的质量，作为人类的基本特性，其内涵与现代健康观有许多相似之处。体质学也是建立在生物学、医学、人类学、体育运动学、心理学和社会学基础理论之上的一门综合性学科。两者之间既有差异，又密切联系。

#### （一）理想健康的主要特征

（1）生理健康：人体结构完整，生理功能正常，体重适当，身体匀称，肌肉富有弹性，反应敏捷等。

（2）心理健康：人格完整，处世乐观。

（3）道德健康：高标准为无私奉献，低标准为不损害他人。

（4）社会适应健康：胜任社会和生活的各种角色，乐于承担责任，应变能力强。

#### （二）理想体质的主要特征

（1）身体健康：主要脏器无疾病；身体发育良好，体格健壮，体形匀称；心血管、呼吸、运动系统功能良好；有较强的运动和劳动能力等。

（2）心理发育健全：情绪乐观，意志坚强，有较强的抗干扰、抗不良刺激的能力。

（3）对自然和社会环境有较强的适应能力。

## 第四节　健康的测量与评价

为了能具体、客观地了解健康状况，需要通过运用定量和定性的方法，对有关健康的各个方面进行测定，即进行健康的测量，然后根据测量的具体结果和可靠有效的评价理论、评价标准和评价方法，对健康状况做出判断与评价，以便有针对性地增强健康。

### 一、健康检查的意义

随着人们生活水平的不断提高，渴望健康、追求健康已经成为时代发展，个人和家庭幸福，社会文明、和谐、进步的必然要求。安排定期健康检查，是了解身体发育程度、健康状况和身体机能水平的重要手段，也是人体保健的基本措施之一。人们可以通过健康检查了解自身的健康水平；通过对健康检查资料的整理、分析与研究，为合理组织体育活动提供依据。健康检查对建立身体健康档案、研究人体不同年龄阶段健康水平的变化规律、及时发现和预防各种疾病等方面具有重要的现实意义。

### 二、健康检查的内容

健康检查的内容很多，健康检查的内容可以根据具体条件、不同目的而确定。一般的综合性健康检查主要包括以下内容：一般史、运动史、体表检查、一般临床物理检查、人体形态测量、身体功能检查、化验检查及特殊检查等。

#### （一）一般史

检查受检者的一般史的主要方式是询问。询问的内容包括病史和生活史，要认真具体询问受检者既往患病史和疫苗接种史，特别要注意询问影响受检者内脏器官功能和运动能力的一些重大疾病，如心脏病、高血压病、肺结核、肝炎、肾炎、癫痫等，也要询问受检者的学习情况、工作性质、劳动条件、生活环境、生活制度、营养状况、有无饮酒吸烟等不良嗜好，以及有无偏食、懒惰等不良习惯。

### （二）运动史

检查运动史的主要方式是询问，主要询问受检者参加体育活动的情况，了解其是否经常参加活动及运动项目和年限、有无过度训练史、有无其他运动性伤病等。

### （三）体表检查

体表检查的主要手段是目测和抚摸。体表检查内容一般包括检查有无皮肤病和静脉曲张，皮下脂肪的厚度，扁桃体、甲状腺和淋巴结是否肿大，以及脊柱、胸廓、下肢和足弓的形状等，并判断人体直立位的姿势是否标准。

### （四）一般临床物理检查

一般临床物理检查主要检查心血管系统、呼吸系统、消化系统、神经系统与感官。

心血管系统：检查脉搏的频率，注意脉搏的紧张度、充盈度和节律。检查有无胸廓畸形和心脏异常搏动。叩诊心脏大小，听诊心跳速率、节律、心音强度及有无杂音，并测量血压高低。

呼吸系统：观察胸廓形状及其活动情况，以及呼吸频率、节律和呼吸类型（胸式呼吸和腹式呼吸）；叩诊检查有无浊音、肺底位置及其活动性，听诊时注意有无呼吸异常的改变。

消化系统：检查有无舌苔，巩膜黄染，牙齿异常，腹部压痛，肿块和肝脾肿大，胃和十二指肠急性、慢性炎症或溃疡，并注意腹壁肌力等。

神经系统与感官：检查视力和神经、眼睛、鼻子等是否正常等。

### （五）人体形态测量

通过测量人体形态，一般可以研究人体形态和体质特征，判断体育锻炼的效果，并可以发现存在或隐藏的问题，以便及时采取有效的改善措施。其测量内容包括身高、体重、坐高、胸围和呼吸差、颈围、腰围、四肢围（上臂围、前臂围、大腿围、小腿围）、四肢各环节长度（上肢全长、上臂长、前臂长、手长、下肢全长、大腿长、小腿长、足高、足背高、足长）、肩臂长和手足间距（站位摸高）、肢体宽度（肩宽、骨盆宽等）。其中身高、体重、胸围三项是评价发育程度的基本指标。

### （六）身体功能检查

身体功能检查主要包括运动系统功能检查中对肌力、关节活动度或柔韧性的检查；心血管系统功能检查中的定量负荷试验；呼吸系统功能检查中的五次肺活量试验、肺活量运动负荷试验、闭气试验和检查心肺功能的PWC170试验、最大摄氧量测定等。此外，还要检查神经系统、消化系统和泌尿系统的功能等。

### （七）化验检查

人体检查还包括化验检查，主要包括对血液、尿液的常规检查及生化检查等。

### （八）特殊检查

特殊检查主要包括 X 线检查、心电图检查、超声心动图检查、脑电图检查等。

## 三、健康的评估方法

### （一）个体健康评估

个体健康评估主要是指通过健康检查的结果，对检查内容进行分析研究，预测个体可能存在的或潜在的疾病或高危行为，并且根据评估的结果提出相应的干预措施。

根据美国运动医学学会的建议，个体健康可以区分为健康、高危险、疾病三个等级。个体健康评估的主要内容包括身体活动调查、既往病史、体格检查、医生同意书、机能实验、心血管疾病危险因子分析等方面。

### （二）群体健康评估

群体健康评估是指对社会、经济、医疗、卫生和教育等多方面的健康资源的评价。因为影响群体健康水平的因素很多，涉及面很广，所以群体健康的评估体系相对复杂，评价内容和指标也比较多。目前常见的评估内容和指标主要包括预防性卫生服务、社会保健等方面。

健康不仅仅指身体没有疾病，也包括心理和社会适应等方面的良好状态。随着社会文明的进步以及人们对健康认识的不断深入，从生物、心理和社会三个维度关注健康越来越被人们重视。现代医学对健康的评估模式也证明了人类健康将是多种因素联合的结果。世界卫生组织倡导的"多元健康观"告诉人们，要保障人体健康就要将被动地治疗疾病转变为积极地预防和预测疾病。同时还要从单纯关注生理健康扩展到关注心理、社会健康，更要从个体健康评估延伸到整个社会的健康评估。

📝 **课后训练**

1. 简述健康的概念。
2. 你知道世界卫生组织提出的 10 条健康标准吗？和同学交流一下。
3. 你了解亚健康吗？你知道影响健康的因素有哪些吗？

# 第二章
# 运动损伤与运动处方

## 第一节　运动损伤的预防及处理

### 一、运动损伤的分类

所谓运动损伤，是指人们在体育运动中所发生的损伤。运动损伤的发生与运动项目、运动强度、运动的动作是否规范及方法是否科学有很大关系。

#### （一）按受伤的组织结构分类

按照受伤的组织结构分类，运动损伤主要包括皮肤损伤、肌肉与肌腱损伤、关节损伤、滑囊损伤、骨损伤、神经损伤、内脏损伤等。

#### （二）按伤后皮肤、黏膜完整性分类

（1）开放性损伤。伤处皮肤或黏膜的完整性遭到破坏，伤口与外界相通，如擦伤、刺伤、开放性骨折。

（2）闭合性损伤。伤处皮肤和黏膜仍保持完整，伤处无裂口与外界不相通，如挫伤、关节扭伤、腱鞘炎、闭合性骨折等。

#### （三）按伤情轻重分类

（1）轻伤。受伤后仍能按原计划进行锻炼。

（2）中等伤。受伤后不能按原计划训练，需要减少患部活动。

（3）重伤。受伤后已经完全不能参加锻炼了。

#### （四）按损伤病程分类

（1）急性损伤。指瞬间遭受直接暴力或间接暴力导致的损伤。

（2）慢性损伤。指因局部过度负荷、多次轻微损伤累积而成的劳损，或者由于急性损伤处理不当而转化成的陈旧性损伤。

## 二、运动损伤的原因及预防

人们在体育活动的实践中，增强体质，锻炼意志，调节情感，享受生活。但是，有些人虽然有参加体育活动的热情，但是缺乏体育运动的卫生知识。这常会导致一些运动事故的发生并严重挫伤他们参加体育运动的积极性。因此，每个人有必要对运动伤害事故发生的原因及其规律进行学习和研究，知道如何预防伤害，采取防止受伤的必要措施。

### （一）运动损伤产生的原因

（1）思想上麻痹大意，对安全认识不足、预防意识不够。在运动时心血来潮，不顾主、客观条件，盲目进行锻炼，尤其是贸然加大训练的强度等。在训练和比赛中没有采取相应的安全措施。

（2）不做必要的准备活动或准备活动不充分、不合理。准备活动不是可有可无的，也不应随便，而应认真对待。因为准备活动可以提高神经系统的兴奋度、克服生理惰性、调节赛前状态、避免运动损伤。

（3）动作粗野，违反规则。技术动作不符合体育项目要求，运动负荷过大，违反人体构造的功能特点和生物力学规律。

（4）身心疲劳。实践证明，在疲劳状态下，人的动作协调性和自控能力都会下降，警觉性、注意力减退，反应迟钝，此时参加剧烈运动或练习比较难的动作，就可能发生损伤。

（5）纪律松懈、组织教法不当。在教学训练中，教师没有贯彻区别对待的原则，忽视学生身体素质的差异性，或学生未严格按照教师要求运动。

（6）体质较弱或身体有缺陷的学生到存在安全隐患的足球场活动，到单、双杠上活动，到不明水域游泳等。

（7）不良的生活习惯、错误的体育锻炼认识也能导致伤害发生，如边吃喝边运动、运动后立即喝很多的水、大雾天跑步、酒后游泳等。

（8）运动环境不良。运动场地凹凸不平，砂石满地；积水地滑，无安全保护措施；风沙大雾，光线暗淡；气温过高或过低；器材陈旧或质量差，维护不当或不及时；锻炼者的着装不符合要求；人员拥挤，运动区域和观看区域界线不明。

### （二）运动损伤的预防

（1）练习方法要合理。体育教师或体育锻炼者要掌握正确的练习方法和运动技术，科学地增加运动量。训练运动量的安排要因人而异、循序渐进。

（2）练习准备活动要充分。不少运动损伤是准备活动不充分、不合理造成的。因此，在练习前必须做好准备活动，准备活动不足者，不能进行大运动量练习和上场比赛。准备活动可以提高中枢神经系统的兴奋性，克服机体的生理惰性，为正式练习或比赛做好准备。准备活动能增加肌肉中毛细血管开放的数量，提高肌肉的力量、弹性和灵活性，同时也可以提高关节韧带的机能，增强韧带的弹性，使关节腔内的滑液增多，防止肌肉和韧带受损。在进行准备活动时，既要使自己躯干、肢体的大肌肉群和关节充分活动开，同时也要注意各个小关节的活动。还要注意结合实际，考虑气候、温度、湿度及身体活动的程度，适当增加一些专项练习的内容。

（3）练习中注意间隔放松。在练习过程中，每组练习后，为了更快地消除肌肉疲劳，防止由于局部负荷过重而出现运动损伤，在组与组之间进行间隔放松是非常重要的。在间隔时间内，一些运动者对这一问题的重视不够，他们在每组练习后，往往站在一旁不动或者千篇一律地做放松跑之类的动作。这样并不能加快机体疲劳的消除，运动者在进行下组练习时仍易出现损伤。

那么，怎么做好间隔放松呢？由于各个项目的练习内容不同，间隔放松的形式也就有所区别。例如，进行着重于上肢练习的项目时，在间隔放松时可以做放松跑；着重于下肢练习的项目结束后，可以在垫子上或场地上仰卧，将两腿举起抖动或做倒立。这样既可以促进血液的回流，改善血液供给，又能活动肢体中已经疲劳的神经细胞，使其得到休息，这对于消除疲劳及防止运动损伤有着积极作用。

（4）练习中注意局部负荷是否过重。练习中运动量过分集中，会造成机体局部负荷过重，引起运动损伤。例如，膝关节中半蹲起跳动作过多，就容易引起髌骨损伤；过多地练习鸭步可能引起膝内侧副韧带及半月板的损伤。因此，在练习中应注意避免单调、片面的练习方法，防止局部负担过重。

（5）加强易伤部位肌肉力量的练习。据统计，在运动实践中，肌肉、韧带等软组织的运动损伤最为常见。因此，加强易伤部位的肌肉力量练习，对于防止损伤的发生具有十分重要的意义。例如，加强股四头肌的力量，可以防止膝关节损伤，而预防肩关节损伤应该加强三角肌、肩胛肌、胸大肌和肱二头肌的练习。

（6）做好医务监督。体育教师和体育锻炼者，除了做到上面五点之外，还应配合医生做好医务监督工作。一方面要遵守体育训练原则，另一方面要加强对运动损伤的预防和自我保护。总之，接受医务监督，遵守预防运动损伤的基本要求，就可以减少或远离运动损伤。

### 三、常见运动损伤的应急处理

#### （一）肌肉拉伤处理

肌肉拉伤是指在外力作用下，肌肉过度主动收缩或被动拉长所导致的肌纤维损伤或断裂，主要是由运动过度或热身不足造成的。运动者可以根据疼痛的程度判断受伤的轻重，一旦出现痛感应立即停止运动。轻者可在痛处敷上冰块或冷毛巾，保持30分钟，以使小血管收缩，局部充血、水肿减少。注意，肌肉拉伤后，切忌搓揉及热敷。严重者应及时送往医院救治。

#### （二）挫伤处理

挫伤指身体局部受到钝器打击而引起的组织损伤。轻度损伤不需要特殊处理，经冷敷处理24小时后伤者可用活血化瘀酊剂处理，局部可贴上伤湿止痛膏，约一周后症状就会消失。较重的挫伤宜送往医院救治。

#### （三）急性腰扭伤处理

运动时，如果运动人员身体重心不稳或肌肉收缩不协调，就会发生腰部扭伤。多数扭伤是因腰部受力过重，或者脊柱运动超过了正常生理范围而发生的。腰部急性扭伤后，应让伤者平躺，停止移动。如果疼痛剧烈，则用担架送医院治疗。处理后，应使伤者卧硬板床或在腰后垫一个枕头，使其肌肉韧带处于放松的状态。

### （四）肩关节扭伤处理

肩关节扭伤一般是肩关节用力过猛及反复劳损造成的，也有的是因技术错误、违反解剖学原则发生的，如投掷。其症状有压痛、疼痛，急性期有肿胀痛感，慢性期三角肌可能出现萎缩、肩关节活动受限等症状。针对单纯韧带扭伤，可以采用冷敷、加压包扎。24小时后可以采用理疗、按摩和针灸治疗。出现韧带断裂时，应立即送医院缝合和固定处理。当肩关节肿胀和疼痛减轻后，可以适当进行功能性锻炼，但是前期不宜过量活动，以防止转为慢性骨关节伤痛病。

### （五）踝关节扭伤处理

踝关节扭伤是在运动中跳起落地时失去平衡，踝关节过度内翻或外翻导致的损伤。在准备活动不充分、场地不平坦的情况下，这类损伤更容易发生。其主要症状为伤处疼痛、肿胀，韧带损伤处明显压痛、皮下瘀血。受伤后，应立即冷敷，用绷带固定包扎，并抬高伤肢，24小时后，应根据伤情采取综合治疗，如外敷药、理疗、按摩，必要时做封闭治疗。待伤情好转后，施行功能性练习。伤情严重的患者，应及时送往医院，遵医嘱疗养。

### （六）擦伤处理

运动擦伤或劳动擦伤可能会经常发生，是皮肤表面的损伤。如擦伤部位较浅，只需涂红药水就可以；如擦伤创面较脏或有渗血，应该用生理盐水清理创面后，再涂上药水。

重度擦伤指造成静脉或动脉出血的擦伤，应采用压迫止血法止血，并立即送往医院。

（1）颈总动脉擦伤。按压甲状腺软骨外搏动处，这种压迫止血法适用于颈部及头面部出血的情况。

（2）锁骨下动脉擦伤。按压锁骨上窝处，这种压迫止血法适用于上臂上部、肩部出血的情况。

（3）肱动脉擦伤。在上臂的上中1/3处，肱二头肌内侧缘处，用四指压向肱骨，这种压迫止血法适用于前臂及手部出血的情况。

（4）股动脉。指压大腿前靠近腹股沟的搏动处，这种压迫止血法适用于下肢出血的情况。

### （七）撕裂伤处理

在剧烈、紧张运动时，或者受到突然强烈撞击时，易出现肌肉撕裂伤，包括开放伤和闭合伤两种，常见的有眉际撕裂、跟腱撕裂等。开放伤当时即会出血，周围肿胀。轻度开放伤，用药水涂抹伤处即可；裂口大时，就需要止血和缝合伤处，必要时应注射破伤风抗毒血清，以防破伤风症。若肌腱断裂，就需要手术缝合。

### （八）骨折处理

常见的骨折分为两种：一种是皮肤不破，没有伤口，断骨不与外界相通的骨折，称为闭合性骨折；另一种是骨头的尖端穿破皮肤，伤口与外界相通的骨折，称为开放性骨折。

骨折的原因：运动中，身体某个部位受到直接或间接的暴力撞击，肌肉的强烈收缩可能导致骨折。如踢足球时，小腿被人踢中就可能造成胫骨骨折。

骨折的症状：伤处强烈疼痛，活动时疼痛加剧，局部肿胀，皮下瘀血，功能丧失，肌肉痉挛，骨折部位发生变形，伤肢变短或发展成角畸形。严重骨折常常伴有出血和神经损伤，甚至可能造成休克。

骨折的处理方法：如果出现休克，应先进行抗休克处理。先让伤者安静平卧，注意保暖，必要时进行人工呼吸，可点掐和针刺人中、涌泉、百合、十宣等穴位。如果伴有伤口出血，就应该立即止血包扎伤口。骨折后不要移动伤肢，应该用夹板就地固定。夹板的长宽要适合，其长度必须超过骨折端的上、下两个关节。

骨折后要限制伤处活动，以减少疼痛和避免损伤加重，用夹板固定骨折是最简单最有效的方法。没有夹板时可以用树枝等代替，或将伤肢固定在伤者的身上。夹板与皮肤间应该垫些软物，固定的松紧要适合、牢靠。发生开放性骨折时，外露的骨端不要放回伤口内，以免造成深部感染，为伤者固定伤肢后应将其及时护送至医院治疗。

### （九）外出血处理

出血有外出血和内出血两种。其按损伤的血管不同，还可以分为动脉出血、静脉出血和毛细血管出血。

#### 1. 主要症状

若是动脉出血，往往会有鲜红的血从创口喷射而出；若是静脉出血，则是暗红的血缓缓地、持久地从创口向外流出；毛细血管出血时，血色红，血液在创面上以点状渗出，可自行愈合。

#### 2. 外伤止血法

（1）包扎法止血。一般用于无明显动脉性出血的小创口出血。有条件时先用生理盐水冲洗创口局部，再用消毒纱布覆盖创口或用绷带、三角巾包扎。无条件时可用冷开水冲洗，再用干净的毛巾或其他软质布料覆盖、包扎。

如果创口较大、出血较多，要使用加压包扎止血。包扎的压力应适度，以能止血而又不影响血液流通为宜。包扎后如果远端动脉还可感知到脉搏搏动，皮色无明显变化就为适度。严禁用面粉等物质撒在伤口上，这会进一步污染伤口，给下一步的清创带来困难。

（2）指压法止血。此法用于处理较急剧的动脉出血。手边一时没有包扎材料和止血带时，可以用此法，即用手指压在出血动脉的近心端处，阻断血运来源。此法方便简单，能迅速有效地达到止血的目的，缺点是止血不易持久。指压法止血主要有以下几种方法。

①头面部出血时，压迫颞浅动脉，一只手扶住受伤者额部或枕部，另一只手拇指压在伤者耳前下颌关节处，可以止住同侧上额、颞部及头顶部出血；压迫颌外动脉，一只手固定受伤者的头部，另外一只手拇指压在伤者下颌骨的下缘与咬肌的前缘的交界处，将颌外动脉压于下颌骨上，可以止住面部出血。常常需将两侧动脉同时压住，才能充分止血。

②肩部和上肢出血时，压迫锁骨下动脉。在锁骨上窝内 1/3 处摸到动脉后，用力向后下方将其压在锁骨上，可以止住肩部和上肢出血。压迫肱动脉，用手指在肱二头肌内、侧沟处触到脉搏后，将其压在肱骨上，可以止住前臂出血。

③下肢出血时，压迫股动脉。在大腿根部，腹股沟中点下方，摸到股动脉搏动处，用双手拇指重叠将股动脉用力压在耻骨上，可以止住下肢出血。

④胫前、胫后动脉出血时，用一只手的拇指、食指或两手的拇指分别按压在内踝与跟骨间和足背横纹的中点。此法可用于同侧足部出血的临时止血。发生较大的肢体动脉出血时，

为运送伤者方便起见，最好应用止血带来止血。橡皮带、宽布条、三角巾、毛巾等均可充当止血带。

（3）止血带法止血。具体用于上、下肢止血。上肢出血时，止血带应扎在上臂上部 1/3 处，禁止扎在中段，以避免损伤桡神经。下肢出血时，止血带应扎在大腿中部。

使用止血带前，先要将伤肢抬高，尽量使静脉血回流，并用软织物敷料垫在使用止血带的部位，然后再扎止血带，以伤口不出血、止血带远端肢体动脉刚刚摸不到为宜。

使用止血带应严格掌握适应征和要领，如扎得太紧，时间过长，就可能引起软组织压迫坏死，造成肢体远端血运障碍及肌肉萎缩，甚至产生挤压症。如果扎得不紧，动脉远端仍有血流，而静脉的回流完全受阻，反而造成出血过多。扎好止血带后，一定要做明显的标志，标明止血带的部位和时间，以免忘记定时放松，造成肢体因缺血时间过久而坏死。上止血带后每30 ～ 60 分钟要放松一次，放松 3 ～ 5 分钟后复原。

### （十）关节脱位处理

关节脱位指关节面因受到外力作用失去了正常的连接关系，又称脱臼。关节脱位可以分为完全脱位和半脱位（或称错位）两种。严重的关节脱位，多伴有关节撕裂甚至神经损伤。运动中发生的关节脱位，大都是间接外力所致，此时可以用长度和宽度相称的夹板固定伤肢。如果没有夹板，可以将伤肢固定在伤者的躯干或健肢上，以防止震动，随后及时将伤者送医院治疗。

### （十一）脑震荡处理

脑震荡是指头部受到外力作用后，脑的神经细胞和神经纤维因震荡而引起的短暂意识和机能性障碍。头部受伤时，伤后可能出现意识丧失，一般为几秒至几分钟，最多不超过半小时。昏迷时，神经反射减弱或消失，肌肉松弛，脉象细弱，呼吸慢而表浅，醒来后有逆行性遗忘的现象，即忘记了受伤的经过，但是对往事记忆清楚。脑震荡后伴有头昏、头痛、恶心、呕吐等症状。

急救时应该让伤者平卧、安静，不能使其坐起或立起。做好头部冷敷、身上保暖工作。如果伤者有昏迷症状，可以掐其人中和内关。伤者发生呼吸障碍时，应施以人工呼吸。经上述处理后，伤者出现反复昏迷或耳鼻口出血、瞳孔放大且不对称时，表明伤者病情严重，应立即护送到医院。在运送途中，要让伤者平卧，头部固定，避免颠簸。只有经过医院急救，伤者神志恢复正常状态时，才算安全了。

### （十二）溺水处理

溺水事件常有发生。溺水原因多为不熟水性、肌肉痉挛等。救护措施大致有以下几种。

（1）集中人力、物力将溺水者抢救上岸。

（2）倒水。就是先清除溺水者口腔内的异物和分泌物。

（3）人工胸外按压。两手重叠在溺水者胸前，均匀缓慢用力下压，然后迅速放手，频率要快，应为 100 ～ 120 次 / 分钟。

（4）做人工呼吸。应配合人工胸外按压进行，每 15 次按压施行一次人工呼吸。

经过现场急救后，将溺水者送到附近医院继续抢救，直到其脱离危险为止。

# 第二节　学习掌握和运用运动处方

只有进行科学的体育锻炼，运动者才能安全、有计划地达到增强体质，预防运动损伤、疾病，促进身心健康的目的。运动处方（Prescribe Exercise）始于 20 世纪 50—70 年代。20 世纪 80 年代运动处方开始进入全面发展阶段。现如今，其在国际上得到了广泛应用。世界卫生组织和体育组织越来越重视对运动处方的研究、制定和实施。所以，体育工作者和体育爱好者很有必要学习、掌握和运用运动处方。

## 一、运动处方的概述

### （一）运动处方的概念

对于运动处方，我国学者刘纪清教授认为：对从事体育锻炼的人或患者，根据医学检查结果（包括运动试验及体力测试），按其健康、体力及心血管功能状况，结合生活环境条件和运动爱好等个体特点，用处方的形式规定适当的运动种类、强度、时间及频率，并指出运动中的注意事项，以便其有计划地进行经常性锻炼，达到健身或治病的目的，即运动处方。运动处方是针对个人的身体状况而制订的一种科学的、定量的周期性锻炼计划，是锻炼者进行有计划的周期性运动健身的指导性方案。这样的运动处方不仅是为了增强今后体育锻炼过程的目的性和计划性，也是为了增强体育锻炼的长期性和持续性。

### （二）运动处方的分类

由于人们的健康状况各不相同，所以就存在不同类型的运动处方，一般分为以下 3 类。

#### 1. 竞技性运动处方

竞技性运动处方是用于提高运动员身体素质和运动技术水平的训练方案，如速度性运动处方、灵敏协调性运动处方。

#### 2. 预防性（保健性）运动处方

预防性运动处方适合一般健康人，包括中老年人在内，它用以增强体质、预防疾病和提高健康水平，如大学生健身运动处方、中老年人健身运动处方。

#### 3. 治疗性运动处方

治疗性运动处方用于慢性疾病患者及病人创伤康复期的锻炼，它能加强疗效、加速疾病的康复。

### （三）运动处方的内容

运动处方的基本内容有运动目的、运动项目、运动强度、运动时间、运动时间带、运动频率和注意事项等。

#### 1. 运动目的

体育运动参与者希望通过运动达到的目标（运动目的）。一是满足自己情绪需要，即运动的意向、愿望、兴趣；二是满足自己对健康的需求，即祛病、健体。具体说来，就是增进身心健康，提高身体素质，治疗疾病。

### 2. 运动项目

运动项目是确定运动处方性质的重要因素，必须根据运动目的来选择适当的运动项目。例如，为了健身或改善心脏功能和代谢，或者为了延缓衰老，应选择中等强度的有氧代谢项目，比如快走、定量步行及竞走、慢跑（健身跑）、骑自行车、有氧舞蹈、健美操和不太剧烈的球类运动等；为了增强肌肉力量，应选择力量型项目，如利用哑铃、杠铃、弹簧、橡皮筋等进行负重法或阻抗法力量练习；为了放松精神，预防高血压和神经衰弱，应选择运动强度较小的有氧代谢项目，如太极拳等。

### 3. 运动强度

运动强度是运动处方定量化与科学性的核心问题，它影响锻炼效果和安全。运动强度是单位时间内的运动负荷，即运动强度 = 运动负荷 / 运动时间。反映运动强度的生理指标常用心率（HR）。除去环境、心理或疾病等因素，当心率在 110 ~ 170 次 / 分钟范围时，心率与运动强度之间呈直线关系。按心率确定运动强度的方法有以下两种。

（1）年龄减算法。运动适宜心率 =180（或 170）– 年龄。此法适用于身体健康的人。

（2）靶心率法（THR）。靶心率指能获得最佳效果并能确保安全的运动心率。一般取个人最大心率的 60% ~ 85%，而标准的计算公式为 THR=（最大心率 – 安静心率）×（0.6 ~ 0.8）+ 安静心率。此法适用于各种慢性疾病患者。

### 4. 运动时间

运动时间指每次运动持续的时间长短，运动时间乘以负荷强度就是运动量。在制定运动处方时，有时可以采取较低的负荷强度和较长的运动时间，而有时就采取短时间高负荷强度的重复运动。负荷强度确定后，持续该强度运动的时间就是影响锻炼效果的重要因素。

### 5. 运动时间带

运动时间带是指一天中进行运动的时机。应根据人体的生物节律周期来合理安排运动时间带。例如，就高血压患者的运动时间带而言，白天比早、晚要好，其理由是脑出血的发病有早、晚多而白天少的倾向。特别是冬天，由于气温低，血压容易升高，因此高血压患者在早、晚进行运动存在潜在危险。所以，要因天气和身体状况选择运动时间带。

心血管病患者或中老年人的运动应避免在清晨 8 点以前进行，特别是不可在此时段跑步和爬山。清晨，在空气清新的环境中可做一些轻微的活动，如散步、练气功、打太极拳、做柔韧体操等，这对于增进健康是有益的。

空腹时进行运动会产生不良影响，甚至导致低血糖。清晨空腹进行运动时必须加以注意。由于运动影响消化和吸收，所以饭后不宜立即进行运动。

### 6. 运动频率

运动频率是指每周运动的次数。运动频度在制定运动处方中的作用是非常重要的，要根据运动目的不同、身体状况不同来设定运动频度。如果以健身或康复为目的，一般人的运动频度应以每周 3 次以上为宜。同时还应结合每次运动的强度、持续的时间、个人的身体恢复情况及对运动的适应能力等因素进行综合考虑。

### 7. 注意事项

第一，运动处方中应指出禁止参加的运动项目；第二，运动处方应指出健身运动中自我观察的指征和停止运动的指征；第三，运动者应掌握、了解一些必要的体育卫生知识；第四，运动处方实施一个时期后，运动者要再进行医学检查或体力诊断，不断地对运动处方进行修改和调整。

## 二、运动处方的制定

没有规矩不成方圆，没有运动处方，就难以开展科学合理的体育锻炼。制定运动处方，一要对体育运动的参与者进行比较系统的身体检查，对其健康状况进行初步评定。二要让运动者进行运动试验，对运动者的身体机能进行评定。因为制定健身运动处方前，必须对运动者的心血管机能进行评定，以发现其潜在的心血管疾病，确定其是否能够进行运动锻炼。三要进行体质测试，以评定运动者身体素质和体力等级，确定其运动的强度范围。

通过以上程序，就会获得制定运动处方所必需的全面资料和信息，为科学制定运动处方提供依据。最后，在此基础上制定出的运动处方，还要不断地在实施过程中进行反馈和调整。

### （一）制定运动处方的程序

为确保健身运动的安全性和有效性，制定运动处方时应严格按照运动处方的制定程序进行。首先应对参加锻炼者或病人进行系统的检查，以获得制定运动处方所需的全面资料。如果有疾病的人需要制定运动处方，要通过有医疗资质的机构进行系统检查，并由有资质的人员制定运动处方。对于没有疾病的人想自己制定运动处方来增强体质、促进健康、改善精神状态、发展和保持心肺功能，在进行一般检查、试验及测试时需要有相关的仪器设备及专业人员配合，最好可以到有资质的医疗机构进行检查。

第一，通过体检和临床医学检查了解锻炼者的一般情况（如性别、年龄、职业、病史、锻炼情况、食欲、睡眠、常用药、社会环境等）及身体健康状况（采用医学手段检测肌肉力量、心血管系统、呼吸系统、神经系统、内脏器官等）。第二，对锻炼者进行运动负荷试验及体力测试（了解锻炼者的心脏功能、体力活动能力、运动能力和全身耐力），对于大学生可结合《国家学生体质健康标准》进行评定，通过单项指标或综合评定确定大学生体质健康状况，以有针对性地制定运动处方。第三，根据检测结果和锻炼者需求确定锻炼目的，选择锻炼项目。第四，按照科学锻炼的原则和方法制定运动处方。第五，运动处方的实施。第六，运动中的医务监督。第七，锻炼一段时间后再次检查健康状况，根据承受运动负荷的能力和体力状况反馈的信息评价运动处方效果，并对运动处方进行修改和调整。第八，修订原运动处方和制定新的运动处方。第九，实施新运动处方。

### （二）制定运动处方的注意事项

第一，制定运动处方的目的是增进健康、治疗疾病，并能确保运动的安全性和持续性。

第二，运动处方应该根据个体的兴趣、健康的需要来制定。

第三，选择适合处方对象的运动类型，并且确定适宜的运动强度和运动时间。

第四，通过测定处方对象运动产生的心率和主观运动感觉等级等指标来规划运动进展的速度。

第五，运动处方实施一段时间之后，要根据处方对象的反应及体质状况及时进行调整和完善。

 课后训练

1. 体育卫生有哪些要求？运动性疾病发生时有哪些常见现象？

2. 在运动时出现生理反应应如何处理？运动损伤和救护有哪些必要措施？

第二篇

# 基本技能实践

# 第三章
# 田径运动

## 第一节　田径运动概述

　　田径运动是由人们进行竞技和锻炼身体的走、跑、跳跃、投掷等身体练习组成。人们通常把在田径场跑道上或自然环境中进行竞技和锻炼身体的走与跑等身体练习称为径赛项目；把在田径场中间或邻近场地上进行竞技和锻炼身体的跳跃和投掷等身体练习称为田赛项目。

　　田径运动是由田赛、径赛、公路赛、竞走和越野赛组成的运动项目。它包括了人们走、跑、跳、投等基本活动方式，因此很容易被人们接受和掌握。目前，它是世界上最为普及并易于开展、推广的体育运动项目之一。田径运动以发展和表现人们的体能为主、同时以众多的单个项目的不同技术体现出田径运动独特的体育技艺。虽然它包括了竞走、各种奔跑、跳跃、投掷及全能等项目，且各个项目都有自己的技术待点，但是人们还是以多年传统的习惯把它概括起来统称为"田径运动"。

## 第二节　竞走运动

### 一、竞走姿势

　　在进行竞走运动时，保持正确的身体姿势是十分重要的。

　　正确的竞走姿势要求运动员在迈步过程中要始终保持身体放松，后背始终平直，迈步时骨盆不能向前或向后倾斜（图3-1），身体的纵轴与地面相垂直。运动员头部的位置要自然，并要看下方的路面。

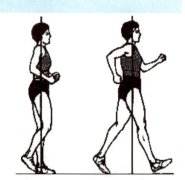

图3-1　竞走姿势

## 二、竞走步长

竞走运动中的步长与髋部动作有着密切的关系。正确的髋部动作可以使步长增大（图3-2），同时也能保证放脚姿势的正确，使脚沿着一条直线顺利前行（图3-3）。将脚尖指向身体的正前方是正确的放脚姿势。

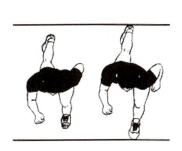

图3-2　竞走步长

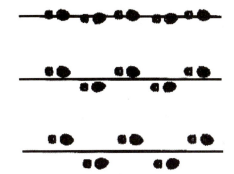

图3-3　竞走轨迹

运动员一般以髋部带动腿和脚，通过控制髋部动作调节腿部动作幅度，从而控制步长。以这种方式运用髋部，将会使脚的着地点几乎在一条直线上。如果一名竞走运动员刻意模仿这种放脚姿势，却采用错误的髋部动作，身体往往会处于一种紧张状态。

## 三、髋部动作

竞走运动员的髋部动作在竞走运动中非常重要，因此一定要保持髋部动作正确。正确的髋部动作是通过向前转髋（身体的横轴平行于地面），使后腿被推离地面，并促使膝关节和脚加速向前运动。在之后的摆臂动作阶段，膝关节向前赶上运动的髋的位置。当接触地面时，脚后跟略超过膝关节。

## 四、摆臂动作

在竞走运动中，运动员的行进伴随着一定的摆臂动作，虽然不同的运动员在竞走中的摆臂动作会有差异，但是仍然有着一定的标准。一般来说，竞走运动中的摆臂动作是：运动员肘部弯曲的角度必须固定，肌肉应在整个摆臂过程中处于放松状态，以肩为轴，前后摆动。这种屈臂摆动不仅使转动半径得到缩短，还加快了摆动速度，对竞走有辅助作用。

在摆臂动作中，手臂有着固定的移动路线，一般是从臀后腰带水平的位置沿着弧线摆向胸骨位置，两手不应在身体中线的位置交叉，整个臂的摆动幅度小且动作放松。肩胛骨间放松，摆臂结束时沉肩。手掌应处于适当放松的状态，手腕应伸直。握拳方式可由运动员自由选择，最好结合自身的具体情况来确定。

## 五、膝关节动作

在竞走运动中，膝关节的动作有着自己的特点。一般来说，在脚跟接触地面的瞬间直至支撑腿达到垂直部位时，膝关节必须是伸直的（图3-4）。在恢复摆动时，膝关节弯曲，由于转动半径的缩短，摆动的速度加快。由此可以看出，摆动的速度和效果受到后腿弯曲度的直接影响。

图 3-4　膝关节动作

在竞走运动的实践中，不同运动员后腿弯曲的时机有所不同。后腿弯曲的最佳时机，一般根据运动员膝关节的结构、柔韧性与其力量来综合决定。

### 六、脚部动作

竞走运动中正确的脚部动作是脚跟先着地，脚尖翘起，不可整个脚掌着地。一旦脚与地面接触，人体就开始向前运动，在腿完全支撑人体重量之前，脚尖不可着地，脚尖离地的时间与胫外侧肌的力量有直接的关系。在蹬离地面之前，将产生一个由腓肠肌引起的使脚转向垂直的推动力。摆动腿的脚向前靠近，但不是擦地而过。正确的脚部动作不仅能使身体重心的转移更加流畅，还有助于缓解身体重量给膝关节带来的压力。

# 第三节　跑类运动

## 一、短跑

### （一）起跑

起跑包括起跑前的准备姿势和起跑动作，要求反应快、起动有力，使身体由静止状态获得向前冲力，以获得初速度。因此，起跑技术对全程速度和成绩影响很大。

按田径规则短跑起跑必须采用蹲踞式起跑，它包括"各就位""预备""鸣枪"（跑）三个阶段。

#### 1.各就位

当听到"各就位"的口令后，运动员走到起跑线前，身体下蹲，两手在起跑线前撑地，两脚前后分开约一脚半的距离，左、右距离大约为 10 厘米，后膝跪地，两臂伸直，两手相距与肩同宽或稍宽于肩。四指并拢与拇指呈八字形张开，虎口向前、头微低、颈放松、肩约与起跑线平齐、背微弓，两眼看前下方 40～50 厘米处，注意听"预备"的口令（图 3-5）。

图 3-5　各就位

### 2. 预备

当听到"预备"的口令后，两脚用力后蹬，后膝抬起，臀部提起稍高于肩，背微隆起，重心前移，两肩稍过起跑线。这时身体重心就要落在两臂和前腿上。左右腿、大小腿的夹角分别约为90°和120°，注意力高度集中地听枪声。

### 3. 鸣枪（跑）

当听到枪声后，两手迅速推离地面，屈肘前后有力摆动，同时两腿快而有力地蹬地，然后后腿以膝部领先，迅速向前上方摆动。前腿充分蹬直，使髋、膝、踝关节成一条直线，上体保持较大前倾。后腿前摆至最大限度后，大腿积极下压，用前脚掌在身体重心投影后下方落地。刚开始跑时，步幅不宜过大，上体要逐渐抬起。

## （二）途中跑

途中跑是短跑的主要阶段，要求跑得放松，腿部动作幅度大，步子频率高，前脚掌积极而富有弹性地落地，用踝、膝积极缓冲过渡到后蹬。后蹬时，腿应迅速有力地向前上方摆动，积极地带动髋关节前送，迅速伸展膝、踝关节，最后用脚趾蹬离地面。后蹬角约为50°。两臂的摆动有助于维持身体平衡、加快步频和加大步幅。摆臂时两手半握拳，肘关节自然弯曲成90°，以肩为轴有力地前后摆动。跑动中面对前方，目视终点，颈部放松，躯干保持垂直或稍前倾。

总之，途中跑要求动作轻松有力，协调自然，步幅要大，频率要快，重心平稳，跑成直线。呼吸要做到短而快，不可憋气。

## （三）终点冲刺

终点冲刺是短跑的最后阶段，冲刺距离一般为15～20米。技术要点和途中跑基本相同，但要加强两腿蹬地的力量和两臂的摆动，上体可适当前倾，到离终点最后一步时，上体要迅速前倾，用胸或肩撞终点线。

# 二、中长跑

## （一）起跑

中长跑一般采用"半蹲式"起跑或"站立式"起跑。

### 1. "半蹲式"起跑

运动员到起跑线后，发力的那只脚在前，站在起跑线后沿，另一脚向后站立，两脚前后距离约一个脚掌。前腿的异侧臂支撑地面，支撑地面的手将拇指与其他四指分开呈"人"字形撑在起跑线后沿，另一臂放在体侧。这时的体重主要落在支撑臂与前腿上。这种姿势比较稳定，不容易因重心不稳而造成犯规。听到发令员枪响或"跑"的口令后，两腿迅速并行蹬伸，后面的腿积极屈膝前摆，两臂则配合两腿的蹬摆动作进行屈臂前后摆动，整个身体向前俯冲，完成准备动作，为起跑后加速跑获得预先初速（图3-6）。

图3-6 "半蹲式"起跑

### 2．"站立式"起跑

两脚前后开立，发力的脚在前，脚尖紧靠起跑线后沿，前脚跟和后脚尖之间的距离约一个脚掌长，两脚左、右间距约为半个脚掌长（15～20厘米）。重心大部分落在前脚掌上，后脚用脚尖支撑站立。两腿弯曲，上体前倾，头部稍抬，眼看前面7～8米处，身体保持稳定姿势，集中注意力听枪声。这时两臂的姿势有两种：一种是前腿的异侧臂在前，同侧臂在体侧；另一种是两臂在体前自然下垂。听到枪声或"跑"的口令时，两脚用力蹬地，后腿蹬地后迅速前摆，前腿充分蹬直，两臂配合两腿动作做快而有力的摆动，使身体迅速向前冲出（图3-7）。

图3-7 "站立式"起跑

## （二）加速跑

在加速跑的过程中，上体的前倾幅度稍大，摆腿、摆臂和后蹬的动作都应迅速而积极。加速跑的距离主要根据项目、个人特点与比赛情况而定。一般800米的加速跑要跑到下弯道才结束；1 500米的加速跑要跑到直道末才结束，然后进入匀速而有节奏的途中跑。

## （三）途中跑

途中跑是中长跑的主要部分。因此，掌握途中跑的技术是极其重要的。途中跑技术要点有以下3方面。

### 1．上体姿势

上体自然挺直，前倾5°左右，跑的距离越长，上体前倾角度越小，胸要微微向前挺出，腹部微微后收，头部自然与上体形成一条直线，颈部肌肉放松，眼平视。尽量避免上体左右转动或扭动，后蹬时髋前送，以提高后蹬效果。

### 2．摆臂

臂的摆动应和上体及腿部动作协调一致。正确的摆臂能维持身体平衡，并有助于腿的后蹬。中长跑时，两臂稍离开躯干，肘关节自然弯曲，半握拳，两肩下沉，肩带放松，两臂以肩为轴前后自然摆动，前摆稍向内，后摆稍向外，摆幅要适当，前不露肘、后不露手。摆臂幅度应随跑速变化而变化，感到疲劳时，可改为低臂摆动，以减小疲劳度。

### 3．腿部动作

当身体重心移过支撑点以后，支撑腿就进入了后蹬阶段。当摆动腿通过身体垂直部位继续向前摆动时，支撑腿的各关节要迅速伸直。后蹬时，各关节要充分伸直。首先以伸展膝关节开始，在摆动腿积极前摆的同时向前送髋，腰稍向前挺，此时膝关节、踝关节也积极蹬直，这样能够适当地减小后蹬的角度，使人体获得与运动方向一致的更大水平分力，并更快地向前移动。在后蹬结束时，后蹬腿完全伸直，上体、臀部与后蹬腿几乎成一条直线，摆动腿使小腿与蹬地腿成平衡状态。

后蹬腿蹬离地面后，人体进入腾空状态。其任务是最大限度地放松蹬地腿的肌肉，并省力地将大腿向前上方摆出。当后蹬腿的大腿向前上方摆动时，膝关节的有关肌肉群放松，小腿在惯性下与大腿自然折叠。当大腿摆至与地面垂直时，骨盆向摆动腿一侧下降，摆动腿的膝关节低于支撑腿的膝关节。这样摆动腿一侧的膝关节比较放松，便于肌肉用力与放松的交替控制。

当大腿膝盖摆到最高位置后开始下压时，膝关节也随之自然伸直，同时用前脚掌做"扒地式"着地。当脚与地面接触之后，膝关节和踝关节弯曲，脚跟适度下沉，脚着地点更靠近重心投影点，落在重心投影点前一脚左右的地方。跑时可用脚掌外侧着地过渡到全脚掌着地，也可直接用全脚掌着地，着地动作要柔和而有弹性，两脚应沿着直线落地。

### （四）弯道跑

中长跑一半以上的距离是在弯道上进行的，为了克服沿弯道跑进时产生的离心力，在跑进时，身体需适当向左倾斜，跑速越快，向左倾斜的程度越大。摆臂时，右臂向前摆的幅度稍大，前摆时稍向内扣，左臂后摆的幅度稍大。摆动腿前摆时，右膝前摆并稍向内扣，左膝前摆并稍向外展，脚着地时，右腿用前脚掌内侧着地，左腿用前脚掌外侧着地。弯道跑时，应沿着跑道的内沿跑，以免多跑距离。超越对手最好不要在弯道上进行。

### （五）终点跑

终点跑是在到达终点前的一段加速跑，其动作要求基本上和短跑相同。这时，运动员虽已处于疲劳状态，但可依靠顽强意志冲向终点。跑的动作是通过快速而用力地摆臂，加强腿的后蹬与前摆。终点跑距离的长短，根据个人余力、场上情况和战术要求而定。一般情况下，800米跑可在最后 200～250 米处开始加速并逐渐过渡到冲刺跑。1 500 米跑可在最后 300～400米逐步加速。

中长跑锻炼时对技术有一个特别要求，就是要掌握好跑时的呼吸节奏，运用好正确的呼吸方法。正确的呼吸方法应该是口与鼻共同进行的，通常采用微张口与鼻同时吸气，用口来呼气的呼吸方法。在寒冷的季节里，吸气时为了避免冷空气直接从口腔进入体内，可采用卷起舌尖抵住上腭的口腔吸气方法来缓解冷空气吸入。呼吸的节奏应和跑步的节奏相配合。通常在慢速跑时，可采用三步一呼、三步一吸的方式，跑速加快时，可用两步一呼、两步一吸的方式。

## 第四节　跳类运动

### 一、跳远

#### （一）助跑

助跑的目的是获得最大的水平速度。跳远助跑时，步幅要稍小些，频率要较快，身体重心较高，节奏性要强。助跑时应沿直线逐渐加速，跑到起跳板时要达到最高速度，为踏跳做充分的准备。男子助跑距离一般为 35～45 米，女子助跑距离一般为 30～35 米。

#### （二）起跳

起跳是跳远运动的关键。运动员在快速跑助跑的情况下，通过有力的助跑来获得必要的垂直速度，并尽量在保持水平速度的前提下，使身体腾起。在跳远中，水平速度大于垂直速度，腾起角小于 45°。

助跑起来前，以摆动腿为支撑，起跳腿快速折叠前摆，上体正直或稍后仰。在起跳脚着地的刹那，助跑水平速度的惯性和身体重力的作用产生很大的压力，迫使起跳腿的髋、膝、踝关节产生很快的弯曲缓冲，使全脚掌迅速滚动，身体前移。两臂积极向上摆动至肩齐平时突然停止。大腿积极向前上方摆动至水平位置，小腿自然下垂，完成起跳动作。

### （三）腾空

起跳腾空后，身体要保持平衡稳定，并做好落地的准备。上体正直，摆动腿屈膝前摆，大腿高抬并保持水平姿势，起跳腿自然放松地留在后面，呈腾空姿势。腾空姿势有蹲踞式、挺身式和走步式三种。

#### 1. 蹲踞式

腾空以后，迅速将踏跳腿提至前方与摆动腿并拢，双腿屈膝向胸前靠近，同时上体稍向前倾。快要落地时两腿向前伸出，同时两臂向后摆。当脚跟触及沙面时，两膝很低地弯曲，两臂从后向前摆动，身体重心前移，保证落地后的稳定（图 3-8）。

图 3-8　蹲踞式

#### 2. 挺身式

腾空后，摆动腿自然下落，小腿向前、向下、向后弧形摆动，使髋关节伸展，两臂向下、向后上方摆动。这时，留在身体后面的起跳腿与向后摆的摆动腿靠拢，臀部前移，胸、腰稍向前挺，形成挺身展体的姿势。落地前两臂由后上方向前、向下、向后摆动，收腹举腿。上体前倾准备落地（图 3-9）。

图 3-9　挺身式

图3-9　挺身式（续）

### 3．走步式

走步式跳远是在腾空阶段完成走步的动作，与上述两种空中姿势相比，其难度较大。当起跳动作完成后，身体腾空，处在身体前方的摆动腿应以髋为轴，用大腿带动小腿向下、向后方摆动，同时处在身体后方的起跳腿则以髋关节为轴，大腿向上抬摆，并且屈膝带动小腿前伸，完成两条腿在空中的交换动作。两臂也要配合两腿的换步进行环绕，起到维持身体平衡的作用（图3-10）。

图3-10　走步式

## （四）落地

### 1．前倒落地

当脚跟落地后，前脚掌下压，屈膝并向前跪，使身体移过支撑点后继续向前移动，身体向前扑下。

### 2．侧倒落地

当脚跟落地时，一腿紧张支撑，另一腿放松，身体向放松腿的一侧倒下。

## 二、跳高

## （一）助跑

背越式跳高的助跑路线分前、后两段，前段跑直线，后段跑弧线（最后三四步），用远离横杆的腿起跳。起跳点的位置一般离近侧跳高架的立柱1米、离横杆垂直向下投影点50～80厘米处。助跑的距离一般为6～8步或10～12步。起跑点和起跳点的连线与横杆夹角约为70°，弧线半径5米左右。

助跑前段要快速跑，跑法和普通加速跑相似。后段由于是跑弧线，所以身体向圆心倾斜，随着跑速变快，倾斜度变大，前脚掌沿弧线落地。它的特点是身体重心高、步频快，小腿伸得不远，落地更为积极。这样做便于保持较大的水平速度，有利于做起跳动作，增加起跳的效果。由于是弧线助跑，起跳时身体侧对横杆，转体较为容易。

全程助跑要求轻松简单，做到自然、快速、准确即可。跑的过程中注意高抬膝关节。最后一步一般比倒数第二步短 10 ~ 20 厘米。

助跑弧线丈量要先确定起跳点。由起跳点向近侧跳高架方向平行横杆向前自然走 5 步，再向右转 90°向前自然走 6 步做一标志，再向前走 7 步画起跑点。由标志点向起跳点画一弧线（半径约为 5 米），即最后 4 步的助跑弧线。

### （二）起跳

起跳的目的是把助跑时所获得的水平速度转变为垂直速度，使身体腾空。

起跳和助跑的最后几步要衔接紧凑。起跳的动作可细分为起跳、脚着地缓冲和蹬伸三个阶段。助跑到倒数第 2 步结束，摆动腿着地形成支撑后，在摆动腿迅速有力的后蹬的推动作用下，起跑腿迅速以髋关节带动大腿积极向前迈，起跳脚顺弧线的切线方向踏上起跳点，脚跟外侧领先着地并迅速滚动到全脚掌。同时两臂要配合摆动腿迅速向前上方摆起，重心快跟，上体积极前移，使起跳腿缓冲。此时身体由倾斜转为垂直，身体重心轨迹与足迹重叠，为最后用力地蹬伸腾起创造有利条件。当身体重心移至起跳点上方时，起跳腿应迅速而有力地蹬伸，完成起跳动作。

起跳时，起跳腿的髋、膝、踝关节必须充分伸直，这是直立腾起的关键，同时身体尽量与地面保持垂直。使身体较为水平的动作不是双肩倒向横杆所形成的，而是骨盆比肩更迅速地上升的结果。

### （三）过杆和落地

起跳时摆动腿屈膝向异侧肩前上方积极摆动，使身体腾空后逐步转为背对横杆的姿势，这时不要急于做过杆动作，而要努力保持身体的上升趋势。当肩和背高于横杆时，两肩迅速后倒，充分伸展、小腿放松，膝部自然弯曲，身体成反弓形，背部与横杆成交叉状态，反弓仰卧在横杆上方，髋部的伸展动作要延续到臀部过横杆后。当膝盖后部靠近横杆时，两小腿积极地向上举。含胸收腹，自然下落，以肩背先落垫。

## 第五节　投类运动

### 一、推铅球

#### （一）握法和持球

握球时（以右手为例，下同），五指自然分开弯曲，手腕背屈（图 3-11）；把球放在食指、中指和无名指的指根处，拇指和小指自然地扶在球的两侧。握好球后，把球放在锁骨窝处，贴近颈部，手腕外转，掌心向外，手臂肌肉放松，握球要稳（图 3-12）。

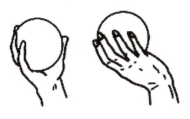

图 3-11 握法

图 3-12 持球

## （二）预备姿势

推铅球有侧向滑步投、背向滑步投和旋转投三种方式。下面介绍背向滑步投的两种预备姿势。

### 1．高姿势

持球背对投掷方向，右脚尖贴近投掷圈，脚跟正对投掷方向，重心在右脚上。左脚在后，并以脚尖或前脚掌着地，距右脚 20～30 厘米。上体挺直放松，左臂自然上举或前伸，两眼看前下方 3～5 米处。这种姿势较为自然放松，能协调地进行滑步动作，有利于提高速度。

### 2．低姿势

持球背对投掷方向，两脚前后开立 50～60 厘米，右脚跟正对投掷方向，左脚以脚尖或前脚掌着地，左臂自然下垂或前伸，两腿自然弯曲，上体前俯，重心落在右腿上。两眼看前下方 2～3 米处。这种姿势容易维持平衡。

## （三）滑步

滑步的目的是使人在推铅球前有一定的过渡，并为最后用力创造良好的条件。掌握好滑步技术可提高成绩。下面介绍背向滑步技术。

可做 1～2 次预摆。当摆动腿向后上方摆出时，上体自然前俯，左臂自然地伸于胸前。然后收回左腿，同时弯曲右腿，当左腿回收到接近右腿时，身体重心略向后移，紧接着左腿向投掷方向拉出，右腿用力蹬伸，当脚蹬离地面后，迅速拉收小腿，右脚向内转扣，并用前脚掌着地，落在投掷圈中心附近与投掷方向约成 130°角的地方。这时左脚要积极下落，前脚掌内侧迅速地落在直径线左侧靠近抵制板处。两脚着地的时间越短越好，以利动作连贯，并能迅速过渡到最后用力阶段。

## （四）最后用力和投掷后维持身体平衡

投掷方法的不同，导致最后用力及维持身体平衡的方法有所不同。下面就背向滑步技术最后用力后的身体平衡做一介绍。

最后用力是从左脚积极着地的一刹那开始的。在滑步拉收右腿的过程中，右膝和右脚向投掷方向转动，右脚着地后还要不停地蹬转，并推动右髋向投掷方向转动。上体也逐渐向上抬起。在右侧的不断前送中很快地向左转体，挺胸抬头，左臂摆至身体左侧制动，两脚积极蹬伸，同时右臂将铅球积极推出，在铅球快离手时，手腕和手指迅速向外拨球。投球的角度一般为 38°～42°。当球离手后，立即将右腿换到前面，屈膝降低重心，以维持身体平衡。

## 二、掷标枪

### （一）标枪的握法和持枪

#### 1. 握枪（以右手投掷为例）

现代式握法：将标枪斜握在掌心，拇指与中指握住标枪绳把末端第一圈上端。食指自然地贴在标枪上，无名指与小指也自然握住绳把（图3-13）。

普通式握法：用拇指和食指握住标枪绳把末端的第一圈，其余三个手指握住绳把（图3-14）。

图3-13　现代式握法　　　　图3-14　普通式握法

#### 2. 持枪

正确的持枪技术有利于持枪助跑者发挥速度，有利于引枪并控制标枪的位置和角度并保持肩部和持枪臂的放松。有多种持枪方式，如肩上持枪法、腰间持枪法等。

肩上持枪：把标枪举在肩上，用弯曲的投掷臂和手腕控制标枪，使标枪的尖部略低于尾部，整支标枪稍高于头部（图3-15）。这种持枪方式，手腕比较放松，便于引枪。

图3-15　肩上持枪

腰间持枪：握枪后，将标枪置于腰侧，助跑时枪尖在后，枪尾在前，持枪助跑时仍像正常跑动时那样前后摆臂，进入投掷步时再引枪，将枪尖对准投掷方向。用这种方式引枪，需翻手腕将枪尖对准前方，因此难度较大。但优点是助跑时肩、臂动作自然放松，便于加快速度。

### （二）助跑

助跑的目的如同推铅球的滑步、掷铁饼的旋转一样，是让器械获得预先速度，并控制好标枪的位置，为引枪和超越器械创造良好的条件。

助跑由两个部分组成：第一段是预跑，也就是持枪跑；第二段是掷标枪特有的环节——投掷步。

### 1. 预跑

助跑路程一般为 25～35 米。一般将第一标志线到第二标志线间的 15～20 米作为预跑路程，通常跑 8～14 步（图 3-16）。

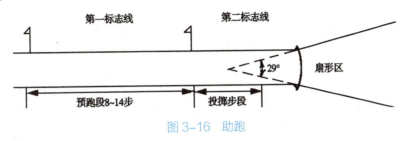

图 3-16　助跑

预跑时，投掷臂持枪，上体稍前倾，用前脚掌着地，高抬大腿，有力蹬伸，动作要轻快而富有弹性，并且助跑的节奏性要强，持枪臂和另一臂要与两腿动作协调配合，两眼平视，头部自然抬起。

预跑要逐渐加速，步长要稳定，以便于完成投掷步和最后用力。对初学者来说，预跑阶段的速度不宜太快，随着技术熟练程度的提高，可逐步提高助跑的速度。

### 2. 投掷步

掷标枪的投掷步不同于普通跑步，在投掷步中还包含一个特殊的交叉步，因此，有人把掷标枪的投掷步叫交叉步阶段。

投掷步是从第二标志线到投掷弧这一段距离内的助跑，实际上是从预跑加速过渡到最后用力直至标枪出手的动作过程。投掷步的目的是通过特殊的助跑技术，使下肢动作加快，让运动员在快速跑向前运动中完成引枪，并且超越器械，为最后用力和出手创造良好条件。

投掷步有两种形式：一种是跳跃式的投掷步；另一种是跑步式的投掷步。投掷步通常跑 4～6 步，男子需 9～15 米，女子需 8～13 米。

跳跃式的投掷步：这种形式的投掷步腾空时间较长，两腿蹬伸的力量大，有利于完成引枪动作和超越器械，动作也比较轻快自如。但做这种跳跃式的投掷步时，要防止跳得过高，以免重心起伏过大，影响动作的直线性和连贯性。

跑步式的投掷步：近似平常跑步，向前速度较快、身体后倾，但此方式不利于完成超越器械。

## （三）最后用力

投掷步的第三步为右脚落地后，髋部向前继续惯性运动，身体继续向前运动，在身体重心越过了右脚支撑点上方后（左脚还未着地），右腿积极蹬地用力。左脚着地时，左腿做出有力的制动动作，可加快上体向前的运动速度。右腿继续蹬地，推动右髋加速向投掷方向运动，使髋轴超过肩轴，并带动肩轴向投掷方向转动。在肩轴向投掷方向转动的同时，投掷臂快速向上翻转，使上体转为面对投掷方向，形成"满弓"姿势。此时，投掷臂处于身后，与肩同高，与躯干几乎成直角，标枪处在肩上后方，掌心向上，枪尖向前。

形成"满弓"后，胸部继续向前，将投掷臂最大限度地留在身后，右肩部的肌肉最大限度地伸展。由于向前的惯性的作用，左腿被迫屈膝，但随即迅速有力地充分蹬伸，同时胸部和右肩带动投掷臂向前做爆发性"鞭打"动作（图 3-17）。

图 3-17　最后用力

### （四）标枪出手后的身体平衡

标枪出手后，保持身体平衡以结束动作。为防止因人体越过投掷弧而造成犯规，标枪出手后，右腿应及时向前跨出一大步，以降低身体重心，保持平衡。为了保证最后用力时运动员可大胆向前做动作而又不犯规，最后一步左脚落地点至投掷弧的距离应在 2 米以上。

### 📝 课后训练

1. 田径运动由哪些项目组成？田径运动的意义是什么？
2. 田径运动分为哪几个阶段？短跑和长跑的训练方法有什么不同？
3. 简述跳高、跳远的运动技术组成及技术要领。
4. 田径运动中投掷运动项目有哪些，举例说明某运动项目的技术要领。

# 第四章
# 传统大球类运动

## 第一节 足球运动

### 一、足球运动与改革

古代足球运动起源于中国。据史料记载，我国早在战国时期就开始有了类似足球的游戏，叫"蹴鞠"或"踏鞠"。唐朝时期，蹴鞠运动蓬勃发展。"充气的毬"和"设立毬门"是在器材、场地方面的两大创造。同时，"女子蹴鞠"也很盛行，而且传到了日本。

现代足球运动起源于英国。1900年，足球被列为奥运会的正式比赛项目。1904年，国际足球联合会（FIFA）成立，迄今已接纳了170多个国家和地区为会员，是国际上最大的单项体育组织之一。国际足球比赛主要有世界杯足球赛、奥运会足球赛、世界杯女子足球赛等。其中，"世界杯"反映了世界足球最高水平和发展方向，对世界足球运动发展起到了积极的推动作用。当今，足球运动在世界范围内得到进一步的普及与提高，不少国家视足球为"国球"。欧洲的意大利、德国、英国和南美洲的巴西、阿根廷等国家的足球运动水平较高。

现代足球运动于19世纪末从西方传入中国。新中国成立前，我国曾多次派队员参加远东运动会足球赛，并两次参加奥运会（第11届和第14届）足球赛。新中国成立后，党和国家高度重视我国足球运动的普及与运动水平的提高，将足球列为体育改革的突破口，实行了从体制到赛制的一系列改革措施，初步建立了职业化足球体系，为中国足球的发展奠定了基础。同时，我国女子足球运动也迅猛开展，并多年称雄亚洲，走向世界。

随着政府体育行政部门管理职能的转变，体育社会团体、事业单位和其他中介组织在兴办足球事业中发挥着越来越重要的作用。2015年2月27日，中央全面深化改革领导小组第十次会议审议通过了《中国足球改革发展总体方案》，同年3月16日，在中国政府网正式对外公布。方案共包括50条改革措施，此次足球改革的力度超乎想象，中国足球正式迎来了改革和发展的春天。目前，我国已经建立起的社会化体育组织网络，将在党和国家的坚强领导下有序、有效地开展足球运动。

## 二、足球运动技术

### （一）踢球技术

#### 1．脚背正面踢球

（1）脚背正面踢定位球。直线助跑，最后一步稍大些，支撑脚着地，在球的侧面10～12厘米处，脚尖正对出球方向，膝关节微屈。踢球腿随跑动向后摆动，小腿屈曲，支撑的同时踢球腿以髋关节为轴，大腿带动小腿由后向前摆动。当膝关节摆至接近球的正上方时，小腿做爆发式的摆动，脚趾屈，以脚背正面部位击球的后中部。击球后身体及踢球腿随球前移（图4-1）。

图4-1　脚背正面踢定位球

（2）脚背正面踢侧面半高球。根据来球速度及运行轨迹，选好击球点，身体侧对出球方向，身体向支撑脚一侧倾斜，踢球腿抬起，大腿伸、小腿屈，大腿带动小腿由后向前急速摆动，用脚背正面击球的中部，同时身体向出球方向扭转，击球后踢球脚随球前摆着地以维持身体平衡（图4-2）。

图4-2　脚背正面踢侧面半高球

（3）脚背正面踢反弹球。根据来球的速度、运行轨迹、落点，将支撑脚踏在球落点的侧面。在球落地时，踢球腿爆发式前摆，在球刚弹离地面时，用脚背正面击球的中部，并控制小腿的上摆（送髋、膝关节向前平移），这样出球就不会过高（图4-3）。

（4）脚背正面踢倒钩球。根据来球的速度、运行轨迹及时移动到位，选择支撑位置时应考虑将击球点放在身体的前上方，支撑腿膝关节微屈，上体后仰，踢球腿以髋关节为轴向上方摆动，当球落到身体前上方适当高度时，用脚背正面击球后部，将球向身后踢。

图4-3　脚背正面踢反弹球

### 2．脚内侧踢球

（1）脚内侧踢定位球。直线助跑，支撑前的最后一步稍大些，支撑脚站在球的侧面约15厘米处，脚尖正对出球方向，支撑腿膝关节微屈。在支撑脚着地时，踢球腿大腿带动小腿由后向前摆动，在前摆的过程中大腿外展，当膝关节的摆动接近球的正上方时，小腿做爆发式摆动，在触球前将脚跟送出，使脚内侧部位所形成的平面与出球方向垂直，踢球脚脚底与地面平行，脚尖微微翘起，踝关节功能性的紧张使脚型固定，触（击）球后身体跟随移动，髋关节向前送（图4-4）。

图 4-4　脚内侧踢定位球

（2）脚内侧踢空中球。根据来球速度和运行轨迹及时移动到位，将踢球腿的大腿抬起并外展，小腿微屈并绕额状轴后摆，利用小腿绕额状轴由后向前摆动，当摆至额状面时与球接触，击球的中部（图4-5）。

图 4-5　脚内侧踢空中球

（3）脚内侧踢地滚球。脚内侧踢地滚球时要考虑来球的速度、方向及摆腿的时间，以确定支撑脚的选位，保证踢球腿能顺利地摆踢发力。

### 3．脚背内侧踢球

（1）脚背内侧踢定位球。斜线助跑，助跑方向与出球方向约成45°，最后一步稍大，以支撑脚积极着地，脚尖指向出球方向，距球内侧后方20～25厘米，膝关节微屈。在支撑的同时，踢球腿完成后摆，并开始以髋关节为轴由大腿带动小腿由后向前摆动，当大腿摆至支撑腿所在平面时，小腿做爆发式摆动，此时脚尖外转、脚背绷直，以脚背内侧部位触击球。击球后，踢球腿及身体继续随球向前（图4-6）。

图 4-6　脚背内侧踢定位球

（2）脚背内侧削踢定位球。踢弧线球时，脚背内侧部位击球的后中部，不通过球心线，沿弧线前摆腿，在击球的瞬间，踝关节用力向内转，使球侧旋沿弧线运行（图4-7）。

图4-7　脚背内侧削踢定位球

#### 4．脚背外侧踢球

（1）脚背外侧踢定位球。助跑、支撑脚站位及踢球腿摆动均与脚背正面踢球技术的三个环节相同，脚触球的部位是脚背外侧部位。此时要求膝关节和脚尖内转，脚背绷紧，脚趾紧屈并提膝，触（击）球后身体随踢球腿的摆动前移。

（2）脚背外侧踢地滚球。可用于踢前方、侧前方及正侧方、侧后方来的地滚球。踢球的动作规格要求与踢定位球相同，但站位时应考虑球的滚动速度，以保证在脚触球的瞬间支撑脚与球的相对位置符合规格要求。

（3）脚背外侧削踢定位球（又称香蕉球）。用脚背外侧部位击球的后中部，不通过球心线，沿弧线前摆腿，使球侧旋沿弧线运行。

（4）脚背外侧弹踢球。摆腿方法以从膝关节为轴的小腿爆发式弹摆为主，摆动方向为前摆、侧前摆、侧摆。击球后踢球腿迅速收回。由于用这种方法踢球腿摆幅小，并且是以小腿摆动为主，故完成动作快、突然，且隐蔽性强，多用于快速运球中的传球。

### （二）停球技术

#### 1．脚内侧停球

（1）脚内侧停地滚球。支撑脚脚尖正对来球，膝关节微屈，同侧肩正对来球。接球腿提膝，大腿外展，脚尖微翘，脚底基本与地面平行，脚内侧正对来球并前迎，当脚内侧与球接触的一刹那迅速后撤，把球接在脚下（图4-8）。若需将球停在侧面，支撑脚脚尖应向同侧斜指，内侧与来球方向成一定角度触球，同时支撑脚提踵，以前脚掌为轴做适当转动，身体移动。当来球力量不大时，只需将脚提到一定的高度，并使脚内侧与地面形成锐角。也可在触球时用下切动作使球前进之力部分转变为旋转力，而将球接在脚下。

（2）脚内侧停反弹球。根据来球的落点及时移动到位，支撑脚与球落点的相对位置在球的侧前方，支撑腿膝关节微屈，身体向停球后球运行的方向偏移。接球腿提起且小腿放松，脚尖微翘，脚内侧对着接球后球运行的方向并与地面成一锐角，当球落地反弹刚离地面时，大腿向接球后球运行的方向摆动，用脚内侧部位轻推球的中上部（图4-9）。用这种方法停球时，也可在触球时使球产生旋转，以达到停好球的目的，但应注意球的旋转并及时加以调整。

图4-8　脚内侧停地滚球

图4-9　脚内侧停反弹球

（3）脚内侧停空中球。根据来球的速度及运行轨迹及时移动到位。若为抛物线较小的空中球则应根据临场的实际情况选择适当高度的停球点，将接球腿抬起，使脚内侧部位对准来球的方向并前迎，脚在接触球的一瞬间后撤，并将球停在所需的位置上（图4-10）。

图4-10　脚内侧停空中球

### 2．脚背正面停球

脚背正面停球的部位是穿系鞋带的部位。其特点是迎撤动作自如，关节自由度大，接球稳定，但变化较少，适于下落球。停球时，身体正对来球，判断来球路线和速度，支撑脚稳固支撑，接球腿屈膝提起，以脚背正面对球迎出，触球刹那，接球脚引撤下放，膝、踝关节相应放松，以增强缓冲效果。欲将球停于体前或体侧时，接球脚跟稍提，触球刹那踝关节适度紧张，通过调整触球面角度，控制出球方向；欲将球停至身后时，接球脚脚尖要勾翘，踝关节适度紧张，控球刹那引撤速度要快，身体随之转动，控制出球方向。

### 3．脚底停球

（1）脚底停地滚球。身体正对来球方向，移动前迎，支撑脚位于球的侧面（或前或后均可），脚尖正对来球方向，膝关节微屈。同时接球腿提起，膝关节微屈，脚略背屈，使脚底与地面小于45°（且脚跟离开地面），一般以前脚掌接触球的上部为宜。在触球瞬间接球脚可轻微跖屈（前脚掌下点）将球停住，也可根据需要在接球的同时将球推向前方或拉向身后。

（2）脚底停反弹球。根据来球落点及时前移迎球，支撑脚站在落点侧后方，脚尖正对来球方向，球落地瞬间，用前脚掌去触球的中上部，微伸膝，用脚掌将球停在体前。若需停在身后，则应在触球瞬间继续屈膝，将球回拉，并以前脚掌为轴将支撑脚旋转90°以上。

### 4．脚背外侧停球

脚背外侧停球的特点是动作幅度小、速度快、灵活机动、隐蔽性强。但动作难度较大，接球时常伴随假动作和转体动作，适用于停地滚球和反弹球。

（1）脚背外侧停地滚球，将停球点放在接球腿一侧，支撑腿膝关节微屈，接球腿提起屈膝，脚内翻使小腿和脚背外侧与地面成一锐角，并对着停球后球运行的方向，脚离地面的高度应约等于球的半径，然后大腿向接球后球运行的方向推送，同时身体随球移动（图4-11）。

图4-11　脚背外侧停地滚球

（2）脚背外侧停反弹球。根据来球的落点及时移动到位，支撑脚站在来球落点的侧后方，除触球部位外，其他环节均与脚背外侧停地滚球相同。

### 5．胸部停球

（1）挺胸式停球。面对来球站立（两脚左右或前后开立），两膝微屈，重心置于支撑面内，上体后仰，下颌微收，两臂自然张开，维持身体平衡。接触球瞬间，两脚蹬地，膝关节伸直用胸部轻托球的下部使球微微弹起于胸前上方。对于较高的平直球也可采用这种方法将球停于胸前，但触球瞬间膝关节由直变屈，脚由提踵状态变向全脚掌落地，整个身体保持停球时的姿势，下撤将球停在胸前。

（2）收胸式停球。收胸停球与挺胸停球的差异在于触球刹那的动作。当球接近时，将手臂向后放并张开胸部。球触胸瞬间，迅速收腹、缩胸，减缓来球的力量，使球落于体前。胸部停球的触球点高，停球后下落反弹。因此，做完胸部动作后，需及时将球控在脚下。如果要将球停向身体两侧，在触球的刹那要突然转动身体，带动球变向。

### （三）运球技术

#### 1. 脚内侧运球

要求在运球前进时支撑脚始终领先于球，位于球的侧前方，肩部指向运球方向，支撑腿膝关节微屈，重心放在支撑腿上，另一条腿提起屈膝，用脚内侧推球前进，然后运球脚着地。由于肩部指向运球方向，身体侧转，虽然移动速度较慢，但身体前倾有利于将对方与球隔开，因而这种技术多用在寻找配合时，或有对方阻拦需用身体做掩护时。

#### 2. 脚背正面运球

运球时身体呈正常跑动姿势，上体稍前倾，步幅不宜过大，运球腿提起，膝关节稍屈，髋关节前送，提踵，脚尖下指，在着地前用脚背正面部位触球，将球推送前进。

由于脚背正面运球时身体呈正常跑动姿势，故可以发挥出较快的速度，因而这种技术多用于运球前方一定距离内无对手阻拦的情况。

#### 3. 脚背外侧运球

运球时身体呈正常跑动姿势，上体稍前倾，步幅不宜过大，运球腿提起，膝关节稍屈，髋关节前送，提踵，脚尖绕矢状轴向内旋转，使脚背外侧正对运球方向，在运球脚落地前用脚背外侧推拨球的后中部。

脚背外侧运球时，身体姿势与正常跑动时相同，因而可以发挥出较快的速度，故脚背外侧运球与脚背正面运球有相同的用途。另外，脚腕的动作可以很快地改变脚背外侧面所正对的方向，故在运球脚一侧改变方向时也多采用这种运球方法。运用这种方法时，能用身体将对手与球隔开，故掩护时也常使用。

#### 4. 脚背内侧运球

身体稍侧转并自然协调放松，用小步幅，上体前倾，运球腿提起外展，膝微屈外转，提踵，脚尖外转，使脚背内侧正对运球方向，在运球脚落地前用脚背内侧推拨球，使球随身体前进。

脚背内侧运球时，由于身体稍侧转，不能采用正常跑动姿势，因而该姿势不适用于高速运球。但由于接触部位和支撑位置易于完成向支撑脚一侧的转动，故脚背内侧运球多用于向支撑脚一侧的转动变向。

### （四）头顶球技术

#### 1. 前额正面头顶球

（1）原地前额正面头顶球。身体正对来球方向，眼睛注视运动中的球，两脚左右开立（或前后开立），膝关节微屈，重心置于两脚间的支撑面上（或后脚上），两臂自然张开。当球运行到将垂直于地面的垂线时，两腿用力蹬地，迅速向前摆体，微收下颌，在触球瞬间颈部做爆发式振摆，用前额正面击球中部，上体随球前摆（图4-12）。

图 4-12　原地前额正面头顶球

（2）跑动中前额正面头顶球。顶球的动作要领与原地顶球相同，只是第一环节应正对来球跑出抢点。球顶出后，由于跑动速度较快，为保持平衡，身体须随球向前移动。

（3）原地跳起前额正面头顶球。两膝屈，重心下降，然后两脚用力蹬地起跳，同时两臂屈肘上摆，在身体上升阶段展腹挺胸，两臂自然张开，眼睛注视来球，身体自然成背弓。当球运行至身体额状面时，迅速收腹，上体前摆，触球瞬间做爆发性振摆，用前额正面将球顶出。

### 2．前额侧面头顶球

（1）原地前额侧面头顶球。根据来球的运行速度、运行轨迹，及时移动到位。两脚前后开立（或左右开立），出球方向的异侧脚在前，重心逐渐过渡到前脚上，眼睛注视来球，前膝微屈，两臂向侧前后方自然张开，当球运行至体前上方时，用力蹬地，前脚掌适度旋转，上体随着出球方向扭摆，同时用力向击球方向甩头，以前额侧面击球的后中部。

（2）跑动中前额侧面头顶球。与原地额侧头顶球动作要领相同，不同的是，此动作是在快速跑动中开始和结束的，注意完成动作后的身体平衡。

（3）跳起前额侧面头顶球。该动作分为原地跳起顶球与助跑跳起顶球。起跳动作及第一环节与前额正面跳起头顶球相同。在起跳后的身体上升阶段，上体向出球的相反方向侧摆，在身体达到最高点时，上体急速向出球方向摆出，颈部扭摆甩头，用前额侧面击来球的后中部，将球击向预定的目标。落地时屈膝，以缓冲落地的力量并保持身体平衡。

## （五）抢断球技术

### 1．正面跨步堵抢

抢球者两脚前后开立，迎着运球者而站，两膝微屈，身体重心下降并置于两脚间。当运球者与抢球者间的距离缩小到一定范围时（抢球者上前跨一大步可能触及球），运球者脚触球后即将落地或刚刚落地时，抢球者后脚用力蹬地并跨步向前，以脚内侧去堵球，当已堵住球时，另一只脚应迅速上步。若抢球脚堵住球，对手也堵住球时，则抢球者应将另一只脚迅速前移，以充当支撑脚，抢球脚在不脱离球的情况下迅速向上提拉，使球从对手脚面滚过，身体重心也迅速跟上并将球控制好（图 4-13）。

图 4-13　正面跨步堵抢

### 2．合理冲撞抢球

当防守者与运球者并肩跑动追球时，防守者重心稍下降，靠近对手一侧的手臂紧贴身体，利用对方同侧脚离地的过程，用肘关节以上部位适当冲撞对手同样部位，使对手身体失去平衡，乘机将球控制住（图4-14）。

图4-14　合理冲撞抢球

### 3. 异侧脚铲球

当双方都在跑动中运球时，防守者应根据与球的距离，同侧脚用力蹬地使身体跃出，异侧脚向前沿地面对着球滑出，脚底将球铲出，然后小腿外侧、大腿外侧、手依次着地。或铲出球后身体向铲球腿一侧翻转，手撑地后立即起身，使身体恢复到与下一动作衔接的状态和位置。

## （六）守门员技术

### 1. 选位

对方射门时，守门员一般应站在射门点与两门柱形成角的平分线上，当对方运球逼近或近射时，守门员应及时出击前迎，以便缩小对方的射门角度或扑脚下球。当对方远射时，可适当靠前站，但要防备对方吊射。当球推进到中前场时，守门员可前移到点球点附近。在保证及时回位的情况下应尽量扩大活动范围。

### 2. 准备姿势与接球

（1）准备姿势。两脚左右分开与肩同宽，两膝弯曲，脚跟稍提起，身体重心放在两脚掌上，上体稍前倾。

（2）接球。接地滚球：直腿式接球时，两腿直膝自然并立，上体前屈，两臂自然下垂并肘，两手小指靠近，掌心向前。在手指触球的刹那，随球后引并屈肘、屈腕，将球抱于胸前。单腿跪撑接球时，身体正对来球，两脚左右开立，一腿屈膝，另一腿内转跪撑，膝关节接近地面并靠近屈膝的脚跟，两手随球后撤并屈肘，屈腕将球抱于胸前。

平接直球：接低于胸部的平直球时，首先移动使身体正对来球，两脚左右开立，上体稍前倾，两臂并肘前伸，两手小指相靠，手掌对球。当手触球的一刹那，两臂随球后撤并屈肘，顺势将球抱于胸前。接齐胸高的平直球时，先移动使身体正对来球，两脚左右开立，两臂屈肘手指向上，手指微屈，手掌对球，两拇指相靠。当手触球的刹那，手指、手腕适当用力，随球顺势屈臂后撤，转腕将球抱于胸前。接齐胸高的平直球时，先移动使身体正对来球，两脚左右开立，两臂屈肘手指向上，手指微屈，手掌对球，两拇指相靠。当手触球的刹那，手指、手腕适当用力，随球顺势屈臂后撤，转腕将球抱于胸前。

## 三、足球运动战术

### （一）局部进攻战术

#### 1. 传切配合

传切配合是指控球队员将球传给切入的进攻队员的配合方法，是局部进攻战术中运用最多的配合方法。传切配合的形式有局部传切和长传转移切入两种。

（1）局部传切。按传切的线路可分为直传斜切和斜传直切（图4-15A、图4-15B线）。

（2）长传转移切入。在一队队员进攻过程中，当带球队员一侧的前进路线被阻，无法继续带球进攻，则将球踢出，转移给另一位有合适前进位置的辅助进攻的队友，队友得球后继续带球从另一侧发起进攻。

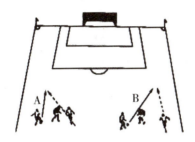

图4-15 局部传切

#### 2. 交叉掩护配合

交叉掩护配合是指局部地区两名进攻队员在运球交叉换位时，一名球员以自己的身体掩护同伴越过防守队员的配合方法。

#### 3. 二过一配合

二过一配合是指在局部地区两名进攻队员通过两次连续传球配合，越过一名防守队员的方法。根据传球和跑位的路线，二过一配合的形式有斜传直插二过一配合、直传斜插二过一配合、斜传斜插二过一配合、回传反切二过一配合。

（1）斜传直插二过一配合（图4-16）。当防守队员身后有一定空当，防守队员距插入队员较近时，采用斜传效果较好。

（2）直传斜插二过一配合（图4-17）。当防守队员身后有较大空当，抑或防守队员移向接应队员时，采用此种二过一配合效果较好。直传球的力量要适当。

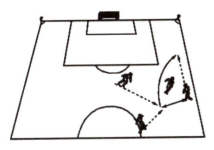

图4-16 斜传直插二过一配合

图4-17 直传斜插二过一配合

（3）斜传斜插二过一配合（又叫踢墙式二过一）。当防守队员身后空隙较小或采用连续二过一时，采用此种配合效果较好。

（4）回传反切二过一配合。当接应队员与控球队员有一定的纵深距离，而且防守队员贴身逼抢时，可主动向后扯动，拉出空当，采用此种配合。

## （二）局部防守战术

### 1．保护

保护是指给逼抢对方持球队员的同伴心理和行动上的支持，使其无后顾之忧，全力以赴紧逼对手。一旦被持球队员突破，保护队员可及时补防，堵住进攻路线或夺回控球权。如果逼抢队员夺得了控球权，保护队员可及时接应发动进攻。进行保护时的要求如下。

（1）保护队员与逼抢队员的距离是动态变化的，不同场区应有所不同：后场3～5米；中前场4～8米。根据持球队员的不同特点也应有所变化，对技术型队员距离应近些，对速度型队员距离应稍远些。

（2）保护队员选位要根据临场具体情况随时调整角度，如果同伴堵内放外，保护队员选位角度应偏向外线。如果同伴堵外放内，保护队员选位角度应偏向内侧，配合同伴形成夹击之势。

（3）保护队员选位时还应考虑双方人数的对比。二防一时，应全力保护、夹击。二防二时，既要保护同伴防突破，又要兼顾自己应盯防的对方接应队员。二防三时，主要应延缓对方的进攻速度，为其他队员争取回防的时间。

（4）保护队员还要通过语言指挥同伴抢截和选位，同时让同伴知道自己的保护位置，使防守配合更加协调、有效。

### 2．补位

补位是指防守队员弥补同伴在防守中出现漏洞时所采取的相互协助的战术配合。在比赛中，通过同伴间的相互补位，防守方可以有效地遏制和破坏对方的进攻行动，变被动为主动。

（1）当前卫队员或后卫队员插上进攻退守不及时，邻近的队员应暂时弥补他的空位，以防对手利用这一空当进行快速反击（图4-18）。

（2）当一队球员进攻时，带球队员被对方球员阻断且被夺球，则此时该队由进攻队变为了防守队。该队原辅助进攻的队员应立即从辅助进攻变为补位防守，并尝试将球夺回或阻断对手的前进路线，而原带球队员则应立刻后撤，选择合适的位置转化为保护队员，也尝试阻挡对手或夺球。

（3）守门员出击时，后卫队员要及时回撤到球门线附近，弥补守门员的位置，防止对方突然射空门。

图4-18　补位方法

### （三）整体进攻战术

#### 1．边路进攻

边路进攻是指最后阶段发生在前场罚球区线以外，靠近边线区域的进攻。边路进攻的发起、推进通常有两种渠道：一是始终沿边路进攻；二是通过中路转移至边路。边路进攻打法的主要目的在于充分利用宽度，拉开防守面，削弱中路的防守力量，创造中路破门得分的有利机会。

（1）边路突破。

（2）边锋与中锋或前卫二过一配合。

（3）边锋与中锋交叉换位配合。

（4）前卫套边配合。

#### 2．中路进攻

中路进攻是指最后阶段发生在前场中间区域的进攻。

（1）运球突破中远距离施射，或利用个人娴熟控运技术突破后冷静射门。

（2）中场突破空间小、时间短，在对方人缝中利用二过一配合或传切配合突破防守并射门。

（3）中锋与前卫或边锋利用斜向运球交叉换位，掩护同伴突破防守并射门。

（4）中锋回撤将对方中卫拉出来再反切接球突破射门。

（5）横扯插上配合。由中锋跑位扯动，拉开防守队员，制造出第二空当，前卫队员突然插上射门。

（6）头球摆渡配合。当地面配合难以突破对方防守时，可运用外线吊球，利用中路攻击手的身高和头球优势，争顶摆渡，边锋或前卫插上射门。

（7）任意球战术配合。前场中路距球门30米以内的任意球战术配合进攻。

### （四）整体防守战术

#### 1．整体防守战术防守类型

（1）人盯人防守。人盯人防守是一种除自由人以外，其他每个队员都有固定盯人对象的防守形式。这种防守的突出特点是：在全场攻守的每一个时间和空间，两两对垒的情况总是使每一个进攻队员始终处于压力之中。人盯人防守应注意下列要求。

①每一个队员必须具有较强的个人作战能力。

②同伴之间要相互协作。当同伴盯人失误时，邻近队员根据场上情况，进行迅速、灵活的补位，以保全整体人盯人防守的严密性。

③每一位防守队员必须有较强的体能素质。因为在全场范围内，防守队员需不停地奔跑和逼抢。

（2）区域盯人防守。区域盯人防守是每一防守队员占据一定的活动区域，当进攻者进入该防区时，区域防守队员实施严密盯人，以控制进攻者在此区域的一切有效行动。区域盯人打法规定了每一个防守者的明确任务，但同伴之间仍需必要的协作。当某一区域盯人防守失败时，邻近队员应及时补位，被突破防守队员应及时地与他换位，以保障整体防守的有效性。区域盯人防守要特别注意各区域间交界处的防守，这些交界处常常由于防守职责不明确而给进攻者带来可乘之机。

（3）混合防守。混合防守是将人盯人防守和区域盯人防守两种形式交织在一起的防守，它的最大特点是能根据对手的情况，灵活地利用盯人防守和区域盯人防守的优点，以提高全队防守的效果。混合防守时，通常是个人作战能力强的队员以人盯人防守的方式盯住对方的核心球员，其他队员采用区域盯人防守。

### 2．整体防守打法

（1）向前逼压式打法。向前逼压式打法是指丢失控球权后，不是回撤消极防守，而是立即对球、对空间进行逼压，降低对方的进攻速度，迫使对手犯错误，将球破坏或夺回来，并迅速组织进攻，此时是对方防守思想最放松、防守行动最迟缓的时刻，反击的成功率也最高。

（2）层次回撤打法。层次回撤打法既不同于消极回撤防守，又不同于向前逼压打法，而是分层次、有步骤、有组织的防守打法。第一层次是在丢球后离球最近队员立即逼抢，附近队员堵截传球路线，延缓进攻，争取时间；第二层次是其他队员迅速回位，既要选位盯人，又要以球为中心，按场区分主次，组成相互支持与保护的纵深防守队形和体系；第三层次是在稳固防守的基础上，变被动防守为主动争夺球权，即变防守为进攻。

（3）快速密集式防守。密集防守是一种缩小防范区域、集中防守主要力量于门前危险地带，仅留 1～2 名队员于中场附近的防守形式。其主要特点是防守人数多，可乘空隙小，渗透性进攻配合较难。因此，进攻方破门的难度也相对较大。但此种防守方法会影响由守转攻时的反击速度，这种防守打法更多用于对付明显强于自己的对手。一旦转守为攻，应尽量运用长传反击，少运用横传和回传。

## 四、足球运动规则

### （一）比赛人数和时间

#### 1．比赛人数

一场比赛有两队参加，每队上场队员不得多于 11 名，其中必须有 1 名守门员。如果任何一队少于 7 人，则比赛不能开始。

#### 2．比赛时间

比赛分为两个时间相等的半场，每半场 45 分钟。两个半场之间有中场休息，中场休息不得超过 15 分钟。在每半场比赛中损失的所有时间应予补足，补充时间的多少由裁判员酌情处理。

### （二）犯规与不正当行为的处理方法

#### 1．直接任意球

裁判员认为，如果队员草率、鲁莽地实施下列 6 种犯规行为中的任何一种，将判给对方直接任意球。

（1）踢或企图踢对方队员。

（2）绊摔或企图绊摔对方队员。

（3）跳向对方队员。

（4）冲撞对方队员。

（5）打或企图打对方队员。

（6）推对方队员。

（7）其他犯规行为。

①为了得到对球的控制而抢截对方队员时，于触球前触及对方队员。

②拉扯对方队员。

③向对方队员吐唾沫。

④故意手球（不包括守门员在本方罚球区内）。

### 2．点球

在比赛进行时，无论球在什么位置，如果队员在本方罚球区内实施了犯规行为中的任何一种，应被判罚点球。

### 3．间接任意球

如果守门员在本方罚球区内实施下列犯规行为中的任何一种，将判给对方间接任意球。

（1）在发出球之后未经其他队员触及，再次用手触球。

（2）用手触及同队队员直接掷入的界外球。

（3）用手持球时间超过6秒。

（4）其他犯规行为。

①动作具有危险性。

②阻挡对方队员。

③阻挡对方守门员从其手中发球。

④因违反规则而停止比赛被警告或罚令出场。

### 4．黄牌

如果队员实施下列7种犯规行为中的任何一种，将被出示黄牌并警告。

（1）实施非体育道德行为。

（2）以语言或行动表示异议。

（3）持续违反规则。

（4）延误比赛重新开始。

（5）当以角球或任意球重新开始比赛时，不退出规定的距离。

（6）未得到裁判员许可进入或重新进入比赛场地。

（7）未得到裁判员许可故意离开比赛场地。

### 5．红牌

如果队员实施下列7种犯规行为中的任何一种，将被出示红牌并罚令出场。

（1）严重犯规。

（2）暴力行为。

（3）向对方或其他任何人吐唾沫。

（4）用故意手球破坏对方的进球或明显的进球得分机会（不包括守门员在本方罚球区内）。

（5）用可判为任意球或点球的犯规行为破坏对方向本方球门移动着的明显的进球得分机会。

（6）使用无礼的、侮辱的或辱骂性的语言及动作。

（7）在同一场比赛中得到第二次警告。

### （三）越位

#### 1.越位位置

（1）处于越位位置。队员切球和从后数第二名对方队员更接近对方球门线。

（2）不处于越位位置。队员在本半场内；队员齐平于最后第二名对方队员；队员齐平于最后两名对方队员。

#### 2.越位判定

（1）越位。处于越位位置的队员，在同队队员踢或触及球的一瞬间，裁判员认为其就下列情况而言"卷入"了现实比赛中时才判其越位犯规：干扰比赛；干扰对方队员；利用越位位置获得利益。

（2）不越位。如果队员直接在下列情况下接到球，则没有越位犯规：球门球；掷界外球；角球。对于任何越位犯规，裁判员应判给对方在犯规发生地点踢间接任意球。

# 第二节  篮球运动

## 一、篮球运动概述

现代篮球运动是由美国詹姆斯·奈史密斯于1891年发明的。他从工人和儿童用球投向桃子筐内的游戏中受到启发，故将这项运动称为"篮球"。

篮球运动诞生后，传播得很快。1904年，美国青年会男子篮球队在第3届奥运会上进行了表演，此后，篮球运动逐步在全世界开展起来。20世纪90年代，为了使奥运会比赛更具吸引力，国际奥委会允许职业篮球队员参赛。世界篮球运动员的竞技运动水平和实力不断提高。现代篮球运动的发展趋势是：高、快、准、狠、灵结合；技术与艺术结合；实用和简练结合；女子篮球向"男子化"风格发展。

篮球运动于1894年传入中国。在1910年南京举行的中华民国首届全国运动会上，男子篮球被列为表演项目，参加表演的有天津、北京联队和上海队。1913年，原华北体育联合会把篮球列为正式比赛项目。新中国成立后，篮球运动的发展比较迅速。1954年，我国建立了全国篮球联赛的竞赛制度。2010年，中国男篮获得了斯坦科维奇杯第3名、广州亚运会冠军。2011年，中国男篮获得了东亚男篮锦标赛季军，同年9月25日晚，在对阵约旦队的比赛中获得武汉亚洲男子篮球锦标赛冠军，并由此取得2012年伦敦奥运会男子篮球比赛入场券。随着中国男子篮球职业联赛的蓬勃发展，篮球运动在我国受到了越来越多人的关注。

篮球运动锻炼价值高，学生坚持锻炼，不仅能促进身体发育，增进身体健康，而且还可以培养团结协作的集体主义精神。经常参加篮球运动，能促进学生速度、灵敏、力量、耐力、柔软性等身体素质的发展，提高中枢神经系统的灵活性，增强心脏、血管、呼吸、消化系统的机能，促进肌肉和骨骼的生长发育，使身体得到全面发展。此外，篮球运动还能培养学生团结协作、互相配合的集体主义精神和勇敢顽强、机智果断等优良品质。

## 二、篮球运动技术

### （一）移动技术

#### 1. 起动

起动是使队员在球场上由静止状态变为运动状态的一种动作，是运动员获得位移初速度的方法。起动时，重心降低，上体前倾，两臂屈肘自然垂于体侧，后脚或异侧脚的前脚掌用力蹬地，快速摆臂起动（图4-19）。

图 4-19　起动

#### 2. 跑

（1）变向跑。变向跑是队员在跑动中利用方向的变化完成攻守任务的一种方法。从右向左变向时，最后一步用右脚前脚掌内侧用力蹬地，同时脚尖稍加内扣，迅速屈膝，腰部随之左转，上体向左前倾；移动重心，左脚向左前方跨出，然后迅速前进。

（2）变速跑。变速跑是队员在跑动中，利用速度变化完成攻守任务的一种方法。由慢跑变快跑时，上体前倾，用前脚掌短促有力地向后蹬地，同时迅速摆臂，前两三步要小，加快跑的频率。由快变慢时，上体抬起，步幅加大，用前脚掌抵地，减缓冲力，从而降低跑速。

（3）后退跑。后退跑时，用两脚的前脚掌交替蹬地向后跑动，同时上体放松挺直，两臂屈肘配合摆动，保持身体平衡，两眼平视，观察场上情况。

（4）侧身跑。向前跑时，脚尖对准跑动方向，头和上体转向球的方向，观察场上情况。

#### 3. 滑步

滑步是防守移动的一种主要方法。它易于保持身体平衡，可向任何方向移动。滑步可分为侧滑步（横滑步）、前滑步和后滑步。

以侧（横）滑步为例，滑步前两脚左右开立同肩宽，膝微屈，上体稍前倾，两臂侧伸，眼平视，盯住对手。向左滑步时，右脚前脚掌内侧蹬地，同时左脚向左跨出，在落地的同时，右脚迅速随同滑行，然后继续重复上述动作。滑步时，身体不要上下起伏，要随时调整重心，保持身体平衡。动作结束时，恢复原来的身体姿势，并根据攻守情况，迅速转换到下一个动作（图4-20）。向右侧滑步时，动作方法相同，方向相反。

图 4-20　滑步

#### 4. 急停

（1）跳步急停。队员在中速和慢速移动中，用单脚或双脚起跳，上体稍后仰，两脚同时落地，落地时屈膝，两臂屈肘外张，保持身体平衡。

（2）跨步急停。队员在快速移动中急停时，先向前跨一大步，上体后仰，重心后移，用脚跟先着地，然后过渡到全脚掌抵住地面，迅速屈膝。接着再上第二步，脚着地时，脚尖稍向内转，用前脚掌内侧蹬地，两膝弯曲，上体稍向侧转并微前倾，重心落在两脚之间，两臂屈肘自然张开，保持身体平衡。

## （二）运球技术

### 1．高运球

高运球时两腿微屈，上体稍前倾，眼平视，以肘关节为轴，前臂自然伸屈，用手腕、手指柔和而有力地按拍球的后上方。把球的落点控制在运球手臂同侧脚的外侧前方，使球的反弹高度位于胸腹之间（图4-21）。

图4-21　高运球

### 2．低运球

运球时，两腿应迅速弯曲，重心下降，上体前倾，球的落点在体侧，用上体和腿保护球，同时，用手腕和手指短促地按拍球的后上方，使球位在膝关节的高度（图4-22）。

图4-22　低运球

## （三）传球技术

### 1．双手胸前传球

两腿前后分开微屈，上体稍向前倾，重心在两脚之间。双手握球的两侧偏后部，五指自然张开，手心不要接触球，两拇指成"八"字形。两肘弯曲并靠近身体持球于胸前。传球时，用手指和手腕向前翻转和抖动的力量将球传出。出球时，通过指端向后旋转使球平直地飞行。

### 2．单手肩上传球

双手持球于胸前，两脚平行开立。传球时，左脚向传球方向迈出半步，同时将球引到右肩上方，肘部外展，上臂与地面近似平行，手腕后仰，右手托球，左肩对着传球方向，身体重心落在右脚上，右脚蹬地，转体，前臂迅速向前挥摆，手腕前屈，通过食指、中指拨球将球传出。

球出手后，随着身体重心前移，右脚向前迈出并保持基本站立姿势（图4-23）。

图 4-23　单手肩上传球

### （四）接球技术

#### 1. 双手接球

双手接球是最基本的接球方法，也是比赛中运用较多的动作之一。其优点是握球牢稳，易于转换其他动作。双手接球时，两眼注视来球，两臂伸出迎球，手指自然分开，两拇指成"八"字形，手指向前上方，两手成一个半圆形。当手指触球后，两臂随着后引缓冲来球的力量，两手握球于胸腹之间。保持身体的平衡，做好传球、投篮或突破的准备。来球的高度不同时，两臂伸出迎球的高低也有所不同。

#### 2. 单手接球

单手接球控制的范围大，能接不同方向的来球。但是，单手接球不如双手接球牢稳。因此，在一般情况下应尽量用双手接球。如用右手接球，则右脚向来球方向迈出，两眼注视着来球。接球时，手掌成勺形，手指自然分开，右臂向来球的方向伸去。当手指接触球时，手臂顺势将球向后下方引，左手立即握球，双手将球握于胸腹之间，保持基本的持球姿势。

#### 3. 单手肩上投篮

（1）原地单手肩上投篮。两脚开立，两膝微屈，身体重心在两脚之间，上体稍前倾，右手翻腕托球于右肩前上方，手指自然张开成球状，手心不要贴球，球的重心要落在中指和食指之间，左手扶在球的侧下部，右肘自然下垂，腕关节放松；下肢蹬地的同时，右臂向前上方伸展，手腕向前扣动，手指拨球，将球柔和地送出；球出手后，手腕放松，手指自然向下（图4-24）。

图 4-24　原地单手肩上投篮

（2）行进间单手肩上投篮。跑动接球时，跨右脚，然后接着跨出第二步。这一步步幅稍小并用力起跳，右腿屈膝抬高，在左脚蹬地起跳的同时，双手迅速将球举至右上方。右手五指自然分开，掌心空出，手腕后屈托球，左手扶球作保护，肘下垂；眼睛注视球篮，接着右手托球向上伸展，手指柔和地拨动，手腕下压，将球投出。

### 4．双手胸前投篮

双手持球于胸前，双肘自然下垂。两脚自然开立，两膝微屈，重心落在两脚之间。两手手指自然分开，拇指相对成"八"字形，用指根以上部位握球的两侧后下方，手心空出，两臂自然屈肘，肘关节下垂，置球于胸与下巴之间。投篮时，下肢蹬地发力，两臂向前上方伸展，前臂内旋，拇指下压，手腕前屈，将球投出。

### （五）持球突破技术

#### 1．交叉步突破

以左脚作中枢脚为例，两脚左右开立，两膝微屈，身体重心降低，持球于胸腹之间；突破时，右脚向右前方跨出，假装向右侧突破，当对手重心向右偏移时，左脚前掌内侧迅速蹬地，上体向左转体探肩，右肩向前下压，重心向左前方移动，右脚迅速向左侧前方跨出，同时将球移于左侧，推放球于右脚外侧，左脚用力蹬地向前跨出，迅速超越对手。

#### 2．顺步突破

顺步突破也称同侧步突破，特点是突破方向与跨步方向相同，起跨突然、迅速。对中枢脚移动和防球、加速运球之间的协调配合要求较高，配合不好易造成走步违例。以左脚做中枢脚为例，准备姿势和突破前的动作要求与交叉步突破相同。突破时，假装投篮，当对手重心前移时，右脚迅速向前方跨出一步，上体移向右脚外侧偏前方，左脚前脚掌迅速蹬地，向前方跨出，运球突破防守（图4-25）。

图4-25　顺步突破

### （六）抢篮板球技术

#### 1．抢进攻篮板

观察对手防守动向，判断球反弹的方向、速度和落点，根据球的反弹判断和对手防守的态势及时采取迂回的快速起动，争取在位置上取得相对优势。在抢位的同时，注意屈膝降低重心，并用肩、背主动接触对手。积极用力蹬地起跳，争取高度优势，占据一定的空间位置。充分伸展身体及手臂，尽可能在更高的空中位置上获球。抢球时，手臂、手腕、手指的力量要大，紧握球体，或迅速托臂屈肘，以握球在手。即使在不能获球的情况下，也要极力用挑、拨、捅等办法将球从对方手中打出。

**2. 抢防守篮板**

防守队员抢篮板球要突出挡的意图，应利用自己占据篮下或内侧位置的优势挡抢篮板球。

当进攻队员投篮时，防守队员要根据对手的移动情况和位置，运用上步、撤步和转身等动作把进攻队员挡在身后，并抢占有利位置。在篮下抢位挡人时，一般采用后转身挡人，降低重心、两肘外展来抢占空间位置，并保持最有利的起跳姿势。

（1）防无球队员。

防接球是防守无球队员时的首要任务，必须在对手接球前就开始防守，有预测性并积极采取行动去限制或减少对手接球，特别要防止其在有效攻击区内接球。在常规情况下，要形成"球—我—他"钝角三角形。防接球时，丝毫不能放松对其摆脱或切入的警惕。

防摆脱是指对无球进攻队员摆脱的限制和封堵。一般来讲，进攻队员在后场的摆脱，主要是快速接球攻击，防守队员必须积极追防，并注意传向自己对手的球，抢在近球侧的路线上准备堵截。

防切入是指对进攻队员企图切入或已摆脱切入的防守。防切入最忌的是看球不看人，一定要坚持"人球兼顾、防人为主"的原则，一旦对手有所行动，必须采取平步堵截、顶挤、抢前等防守方法，使其不能及时起动或减缓其速度。

（2）防守有球队员。

防投篮：防对手中距离投篮时，应站在对手与球篮之间贴近对手的位置上，两脚前后斜立，屈膝直腰，前脚同侧手伸向对手瞄篮的球，并积极挥动，干扰和影响其投篮，重心略偏前脚，并稍微提踵，脚下要不停地前后碎步移动。另一臂侧张，以防其传球，并保持自身平衡，以便随时变换防守动作。

防传球：持球队员离球篮较远时，其主要的传球意图是向中锋供球和转移球。防守时要根据其位置和视线，判断其传球意图，控制其进攻性的传球。

防运球：在一般情况下，为了不让对手运球超越自己，防守队员应与对手保持一臂左右的距离，两臂侧下张，两腿弯曲，在积极移动中保持正确的防守姿势，准确判断，随时准备抢、打球。

防突破：防突破的位置和距离的选择，应根据持球的对手离球篮的远近和对手的特点而定。对手距球篮远，又善于突破时，防守队员应以防突破为主，抢占持球队员与球篮之间贴近对手的位置，做好防守姿势。

抢球：即从进攻队员手中夺球。抢球时，首先要接近持球队员，看准持球的空隙部分，采用双手突然抓住球用猛拉或转拖的动作将球抢过来。运用时，要抓住持球队员注意力分散、转身和由空中获球下落、运球停止等时机，两手握球要准而快，用力要突然，要有迅雷不及掩耳之势。

盖帽：降低身体重心，快速移动，选择有利方位，判断对手起跳和投篮出手时间，及时起跳。手臂和身体充分伸展，用前臂、手腕、手指打球，动作要短促有力。

### 三、篮球运动战术

#### （一）篮球进攻战术

**1．进攻战术基础配合**

（1）传切配合：指持球队员传球后，积极利用起动速度或假动作摆脱对方的防守，向篮下切入接回传球投篮的配合。传切配合有多种方式，如④传球给⑤，然后摆脱△防守，切入接⑤的回传球并运球上篮（图4-26）；⑤摆脱△防守空切篮下，接④的传球上篮（图4-27）。

图4-26　传切配合方法一

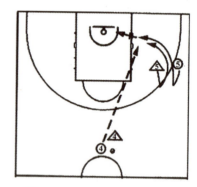
图4-27　传切配合方法二

（2）空切配合：空切配合是指在篮球比赛中，无球队员掌握时机摆脱对手，切向防守空隙区域接球投篮或做其他进攻配合。

（3）策应配合：策应配合是指在篮球比赛中，进攻队员背对或侧对篮圈接球，并以接球点为枢纽，与同伴配合进攻。此战术一般是高大的中锋经常采用的。

（4）掩护配合：掩护配合是指在篮球比赛中，掩护队员采用合理的行动，以身体挡住同伴的防守者的移动路线，帮助同伴摆脱对方的防守。该配合方法形式多样，可以根据场上实际情况进行灵活的调整和变换，可分为前掩护、侧掩护和后掩护三种。

**2．快攻战术**

（1）抢篮板快攻。

抢篮板球后长传快攻（图4-28）：⑤抢到篮板球后，应仔细观察场上的人和篮球情况，掌握发动快攻的时机，⑦和⑧及时快攻越过防守。⑤根据情况，长传球给⑦或⑧进行投篮。④、⑤、⑥应随后插空跟进。

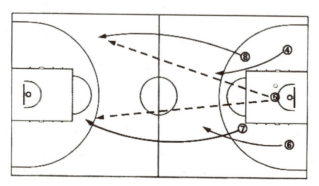
图4-28　抢篮板快攻方法一

抢篮板球后接应发动长传快攻（图4-29）：当⑤抢到篮板球后，⑦和⑧已经快下，但由于受到严密防守，⑤不能及时长传，此时⑤可立即将球传给⑥，⑥接应后根据场上情况，迅速将球长传给已经快下的队员⑦或⑧进行投篮。

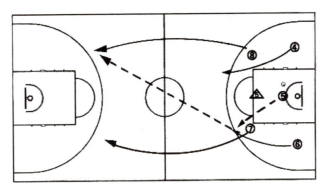

图4-29 抢篮板快攻方法二

（2）运球突破快攻。

运球突破快攻是指在抢断球或获得篮板球后，抓住进攻时机，快速运球超越对手直攻篮下的快攻形式。

（3）快攻结束的配合。

二攻一配合：利用快速传球、接球投篮或突破分球投篮。

三攻二配合：两边的队员快速拉开向前，中间队员稍微拖后，从而形成三角纵深队形，扩大攻击面，根据情况选择合适的进攻路线，给对方防守施加压力。

### 3. 进攻人盯人防守战术

（1）进攻半场人盯人防守。

进攻半场人盯人防守常见的基本阵型有"3-2"阵型（图4-30）、"1-2-2"阵型（图4-31）等。

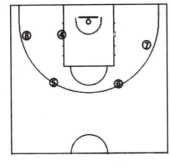

图4-30 "3-2"阵型

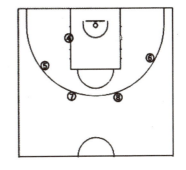

图4-31 "1-2-2"阵型

进攻半场人盯人防守方法如下所示。

掩护突破与空切配合（图4-32），⑥传球给⑤，④提上给⑤做掩护防守△，⑤借助④的掩护持球突破到篮下。同时，⑧提上给⑦做掩护，然后转身插向篮下，准备接⑤的分球或抢篮板球，⑦借助⑧的掩护插向底线，准备接⑤突破分球，以便于⑤突破篮下时可以有自己上篮，分球给⑦、④或⑧等选择。

掩护策应与传切配合（图4-33），⑥传球给⑦，然后去给⑤做侧掩护，④做假动作后插到罚球线上要球，⑧去给⑦做侧掩护，⑦传球给④后，借⑧的掩护向篮下快下，⑤借助⑥的掩护插到圈顶准备策应跳投，④根据情况选择策应、跳投或助攻⑦投篮。

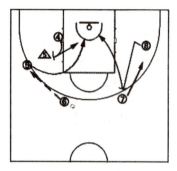
图 4-32　掩护突破与空切配合

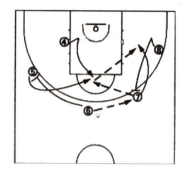
图 4-33　掩护策应与传切配合

（2）进攻全场紧逼人盯人防守。

进攻全场紧逼人盯人防守阵势：所有队员以最快速度分布到全场，扩大防守范围，从而抓住对方防守的薄弱环节和空当，进行个人战术攻击和配合进攻。

由守转攻时的全场紧逼人盯人防守：全部队员集中在后场，甚至扩大到中线的区域，以便于组织固定的进攻配合，并能有意造成前场空虚，便于快速突破和偷袭快攻。

进攻全场紧逼人盯人防守方法：快速进攻主要用于由守转攻时，是通过对快攻战术的运用来进行进攻的一种方法。这种方法能够有效破坏全场紧逼人盯人的防守。此种防守方法的具体操作与快攻战术区别不大。

逐步进攻：逐步进攻也主要用于由守转攻时，如果没有空当，可以在进行快速反击的情况下，队员通过占住位置，从而运用各种方法配合来打破对方的紧逼，人盯人防守。

### 4．进攻区域联防战术

这里重点介绍"1-3-1"阵型和"2-1-2"阵型的区域联防进攻战术组织。

（1）"1-3-1"联防进攻。

中锋策应进攻：当外围队员持球时，将球传给中锋队员。中锋队员接球后，除个人攻击外有三个传球点，第一点为横切的同伴，第二点为空切篮下的同伴，第三点为后卫队员。在策应过程中也可实施个人进攻。

背插、溜底线进攻：本队的三名外线队员在传球过程中调动防守，组织中、远距离投篮，迫使对方扩大防区。如果没有机会，一旦本队的外线队员接球时，同为外线的同伴立即背插至右侧底角，接传球后，远投或回传给组织进攻。

三角穿插进攻：如图 4-34 所示，⑦接到⑧的传球后，把球向左移动，⑥向左前方跳步接⑦的传球，由于⑥已进入投篮攻击点，对方出来防守⑥，此时内线④斜插篮下要球，对方必然去防守④，紧接着⑤向罚球线远端斜插要球，对方紧随其上，⑧同时空切篮下接⑥传球上篮。这时，对方是背对⑧的，所以不能去防守⑧。该战术先后可制造 3 次进攻机会，成功的关键是穿插要逼真，连续穿插衔接要紧凑到位，传球要及时到位。

图 4-34　三角穿插进攻

（2）"2-1-2"联防进攻。

在比赛中，"2-1-2"阵型主要是针对"3-2"阵型的区域联防站位，以迫使对方改变防守队形，使本方队员通过中锋策应、外围穿插、溜底线投篮等形式形成局部区域以多打少的局面。

### （二）篮球防守战术

#### 1. 防守战术基础配合

（1）穿过配合。在现代篮球比赛中，通过穿过配合，能够达到破坏掩护配合，及时防住对手的目的。这种配合一般在无投篮威胁时运用。

（2）挤过配合。挤过配合是破坏掩护配合的积极有效方法之一，在防守战术中的运用较为广泛，运用得好，往往能够取得较为理想效果。

（3）绕过配合。在比赛过程中，篮球运动员通过与同伴的绕过配合可以达到破坏对方掩护配合的目的，同时能有效防守对手。

（4）关门配合。主要用于区域联防，是一种通过两名防守队员靠拢协同防守突破的配合方法。

（5）夹击配合。主要用在边角区域，是邻近的两个防守者协同防守持球突破的配合方法。

（6）补防配合。在比赛中的运用较为广泛，运用率也较高，具体来说，是防守队员在同伴出现漏防时，放弃自己的对手而去防守同伴所漏防的那个相对更强、威胁更大的进攻队员。

#### 2. 防守快攻战术

（1）拼抢前场篮板球。由于现代篮球比赛日益激烈，攻守转快，在由守转攻时，通过争取后场篮板球进而发动快攻的概率最大。因此，进攻队员提高投篮命中率、积极拼抢前场篮板球可有效制约对方发动快攻。

（2）堵截对方第一传和接应。首先，对手拿球由守转攻时，离持球队员最近的防守队员要迅速上前封堵对手的传球路线，伺机夹击防守，干扰其第一传；同时，其他队员切断接应路线，伺机断球，延缓其进攻速度，争取时间布防。其次，当对方发动后场端线球快攻时，本队的运动员要迅速退防，防止其偷袭；防守队员要全力封堵对手发端线球，延缓其进攻速度，组织好防守阵型。

（3）控制对手推进。一般来说，在比赛中，当对方发动快攻时，领防队员绝对不可盲目后撤，而应当与持球者保持适当距离，控制后撤速度以对对手的推进速度进行控制，从而转入阵地防守。

（4）防守快下队员。由攻转守时，防守队员应积极堵截中场，使进攻队员不能长驱直入篮下；积极运用快速退守，并追截沿边线的快下队员。

#### 3. 人盯人防守战术

（1）半场人盯人防守战术。

半场扩大人盯人防守：在半场扩大人盯人防守中，对于无球队员的防守，位置的选择最重要。一般来说，扩大人盯人防守主要有三种情况，即球在正面时的防守、球在底角时的防守、球在45°时的防守。无论是哪种防守，都应该紧盯对方持球队员，不让他投篮或从容地传球，并严防他从底线突破。此外，还要加强对对方未持球队员的防守，防止对手接球，尤其是在篮下接到球时，应当果断地绕前防守。

半场缩小人盯人防守：该防守的防守区域基本在半场的1/2区域内，它是以加强内线防守、保护篮下为主要目的的防守战术。这种防守战术多用于篮下攻击力较强、外围攻击力较弱的球队，它的防守区域较小，有利于协防、控制内线进攻、抢篮板球后组织快攻反击。半场缩小人盯人防守包括三种情况，即球在正面时的防守、球在底角时的防守、中锋接到球时的防守。

（2）全场紧逼人盯人防守方法。

前场防守对方在后场外掷界外球时的紧逼：采用一对一紧逼形式（图4-35），试图阻挠④掷界外球，其他前场的防守队员采用错位防守，卡断传球路线，积极抢断球。后场的防守队员应提上防守，与对手保持稍远的距离，并随时准备抢断长传球。

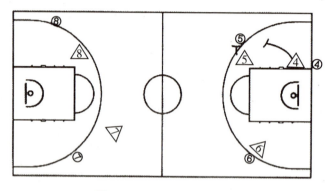

图4-35　一对一紧逼形式

夹击接应的紧逼：在上述一对一紧逼形式中，如果④是控制球能力很强的队员，是该队的主要接应者，则可以放弃对发球人的阻挠，转而对⑤进行夹击，阻止其顺利接应篮球。

中场防守：在比赛中，攻方的高大队员在第二防区的中路策应进攻。当对方企图用中路策应的配合攻破第二防区时，防守队员应积极封堵对方向中路的传球路线。其他同伴错位防守，并切断对方策应的接球路线。如果对方队员成功接到球，应防止对方无球队员从第一防区向第二、第三防区空切，切断策应队员再度从第三防区中路策应的接球路线，并要防守对方的空切篮。

后场防守：在后场应继续扩大防守，对持球队员积极封堵，尤其在底线场角，防守队员应积极组织夹击，破坏对方的进攻，继续给对方施加心理压力，引诱其出现失误。如果在前场和中场防守，因交换盯人、轮转补防而出现防守队员中间高矮错配、强弱不均等现象时，可以寻找适当的时机进行调整，以巩固后场的防守实力。

### 4．区域联防战术

（1）区域联防战术的阵型。

"2-1-2"联防（图4-36）：前边站两名队员，中间站一名队员，后边站两名队员。这种阵型适用于阻截正面突破和篮下威胁较大而"两腰"攻击力较弱的队。优点是队员的分布比较均衡，距离近，便于相互协作，控制篮下，有利于抢篮板球和发动快攻。

"2-3"联防（图4-37）：前面站两名队员，后面站三名队员。在这种战术下，篮下防守力量较强。"2-3"联防阵型的特点是篮下防守力量较强，有利于争夺篮板球，有利于对付擅长篮下进攻的队。与"2-1-2"联防阵型一样，"2-3"联防两侧45°外围一带是薄弱区域，进攻队容易在此区域投篮。

图 4-36 "2-1-2"联防

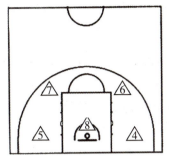

图 4-37 "2-3"联防

"3-2"联防：前面站三名队员，后面站两名队员。这种战术对于防外围投篮准的队较有效，并能干扰其传球，有利于防守外围中、远距离投篮和抢断球发动快攻。

（2）区域联防战术方法主要有以下几种防守形式。

①球在正面弧顶时的防守配合。

②球在侧面两腰时的防守配合。

③球在底角时的防守配合。

④防守外中锋的配合。

⑤防守溜底线的配合。

## 四、篮球运动规则

### （一）场地与器材

#### 1. 场地

篮球运动竞赛场地应该是一片平坦、坚实且无障碍物的区域，长 28 米、宽 15 米或长 26 米、宽 14 米。从界线的内沿量起，所有的线应用相同的颜色（最好是白色）画出，宽 5 厘米，并保证清晰可见。任何障碍物包括在球队席就座的人员距比赛场地应至少 2 米。

#### 2. 器材

（1）篮球架。篮板是用 3 厘米厚的坚韧木材或透明材料制成的，高 1.05 米、宽 1.08 米，篮板下沿距地面 2.90 米。

（2）篮球。篮球比赛规则规定，比赛所用的篮球应是橙色的、圆形的标准篮球，它的外壳可以用皮、橡胶或合成物质制成。球圆周的尺寸应不小于 749 毫米，不大于 780 毫米；重量不得少于 567 克，不多于 650 克。充气后，球从 180 厘米高度落到球场的地面上反弹起来的高度不得低于 120 厘米，也不得高于 140 厘米。

### （二）投篮

开始：队员通常在球离手前开始做投篮连续动作，根据裁判员的判断，将他向对方的球篮投、拍或扣球的时刻，判为开始尝试得分时。

结束：球已离开队员的手并且投篮队员处于双脚在地面的状态，视为投篮结束。虽然投篮队员球离手会被认为是在做得分尝试，但如果对方队员正通过抓住他的手臂来阻碍他得分，此时球是否离开队员的手不是判断投篮是否结束的关键因素。

### （三）暂停

教练员和助理教练员在比赛中有权请求暂停，每次暂停时间为1分钟。在第一个半时的任何时间，可准予每队叫两次暂停；在第二个半时的任何时间，可准予叫三次暂停；每一决胜期的任何时间可准予叫一次暂停。

在比赛的最后2分钟和加时赛中，叫暂停的球队可以拥有后场球权，暂停后其不用再从场外的中线附近发球，而是在技术代表区的对面指定的发球区发界外球。

当比赛被中断时，如果24秒计时器上的剩余时间多于14秒（包括14秒），那么，计时器上的时间将不做调整；反之，如果时间少于13秒（包括13秒），那么，24秒计时器上的剩余时间将会被调整到14秒。

### （四）替换

当球成死球，比赛计时钟停止，以及当裁判员已经结束与记录台联系时，或在替换机会期间，球队、替补队员有权请求替换。

### （五）犯规与违例

#### 1. 犯规

（1）侵人犯规是在球进入比赛状态、活球或死球时的犯规。队员不准通过伸展臂、肩、膝或过分地弯曲身体或做出不正常姿势来阻挡、拉人、推人、撞人，阻碍对方行进，也不准使用任何粗野动作。违反上述规定即为侵人犯规。

侵人犯规的罚则：在所有情况下，侵人者都登记一次侵人犯规，并按下列情况处理。①如果被侵犯的队员未做投篮动作，应由被侵犯队员在犯规地点最近的边线掷界外球。②如果被侵犯的队员在做投篮动作并命中，则得分有效，再判一次罚球；如果未投中，判给两次罚球（如为三分球，判给三次罚球）。③每一节比赛全队累计犯规超过四次时，对未做投篮动作的队员犯规，则执行两次罚球。

（2）队员技术犯规。参赛队员或教练员等，在比赛中与裁判员、记录员及技术代表不合作或不遵守篮球规则精神的，应被判处一次技术犯规。

（3）双方犯规是指两名对抗的队员发生接触时，同时犯规的情况。

#### 2. 比赛违例

（1）时间违例。

3秒违例：某队在前场控制活球并且比赛计时钟正在运行时，该队的队员在对方限制区内停留超过3秒，为3秒违例。

5秒违例：被严密防守的持球队员，在5秒内没有传球、投篮或运球，为5秒违例。

8秒违例：当一个队在后场控制活球时，该队必须在8秒内使球进入前场，否则为8秒违例。

24秒违例：每当一名队员在场上控制活球时，他的队必须在24秒内尝试出手投篮，否则为24秒违例。

罚则：由对方获得掷界外球权。

（2）掷界外球违例。

①掷界外球队员球离手时，脚踏场地的边线或端线。

②掷界外球队员在处理球时，5秒内没有将球掷进场内。

罚则：由对方获得掷界外球权。

（3）带球走违例。

规则规定，当持活球的队员用同一脚向任何方向踏出一次或数次，另一脚（称中枢脚）可以保持不离开与地面的接触点而旋转。所谓带球走或带球移动，是指持球队员一脚或双脚向任意方向移动时，超出了这条规则的限制。在宣判带球走或持球移动时，首先须确定有无中枢脚。当中枢脚确定后，在传球或投篮中，中枢脚可抬起，但在球离手前不可以落地；在运球开始时，球离手前，中枢脚不可以抬起。当没有中枢脚时，在传球或投篮中，双脚都可抬起，但在球离手前不可以落地；在运球开始时，在球离手前两只脚都不可以抬起。

罚则：由对方获得掷界外球权。

（4）运球违例。

队员控制球后掷球、拍球或滚球，在球触及另一队员之前触及球为运球。每次运球中，必须使球与地面接触。队员运球后，用双手同时触及球的一刹那或使球在一手或双手中停留的一刹那，即运球完毕。队员第一次运球结束后不得再次运球，如果再次运球，则为非法运球。但下列情况不属于运球行为：连续投篮；接球不稳失掉球，然后恢复控制球；与对方队员抢球时，连续挑拍以图控制球；拍击另一队员控制的球；拦截传球并获得该球等。

罚则：由对方队员在违例地点最近的边线掷界外球。

（5）球回后场。

控制球的队员在前场不得使球回后场，包括掷界外球。当球触及有部分身体接触中线或位于中线后的该队队员，或球接触后场地面后又被该队队员首先触及时，即为球回后场。

罚则：由对方队员在边线中点处掷界外球。掷界外球队员两脚分别站在中线延长部分的两侧，有权将球传给场上任何地方的队员。

（6）使球出界。

在球出界甚至球因触及除队员以外的其他物体而出界之前，最后触及球或被球触及的队员是使球出界的队员。

罚则：由对方队员在违例地点最近的边线掷界外球。

# 第三节　排球运动

## 一、排球运动概述

排球运动发源于19世纪90年代的美国。1896年，世界上第一场较正式的排球比赛在美国斯普林费尔德体育专科学校举行。当时，排球比赛的规则还不完善。比赛出场人数由双方共同商定，不限多少，但必须相同。1912年，随着排球运动的发展，其规则变为双方上场的队员必须轮转位置；1917年，规定每队上场队员为6人；1922年，规则已趋完备，规定比赛中各方不得连续四次击球。1977年，国际排球联合会又对规则进行了修改：一是将标志杆内移20厘米；二是规定拦网触手后还可击球三次。这两条规则对进攻技术、战术的发展产生了很大的促进作用。

1905年，排球运动传入我国，先后发展出16人制、12人制和9人制排球。新中国成立以后，开始推广6人制排球，我国运动员创造了"平拉开扣球、单脚起跳扣快球、防守快速反击"等新战术。在2008年北京奥运会上，中国男排史无前例地获得了第5名，取得了重大突破。2010年，中国男排获得了广州亚运会第5名、男排亚洲杯亚军；2011年，获得了男排亚锦赛亚军。中国女排是一支世界传统强队，是中国各体育团队中成绩突出的体育团队之一。自20世纪80年代以来，中国女排屡次在世界大赛中斩获冠军。

由于排球运动所需要的场地设备较为简单，比赛规则也易于掌握，所以其既可以在正规场地上进行，也可以在平坦的空地上进行。其运动量也可大可小，适于不同性别、不同年龄、不同体质和不同训练程度的人参与。经常参与排球运动，不仅能够锻炼人们的力量、速度、灵活、耐力、弹跳、反应等身体素质和运动能力，还能培养机智、果断、沉着、冷静的心理素质。排球比赛和训练，也可以培养团结战斗的集体主义精神，让人形成胜不骄败不馁、勇敢顽强、克服困难、坚持到底等良好品质。

## 二、排球运动技术

### （一）准备姿势

#### 1. 半蹲准备姿势

两只脚左右分开，距离稍微比肩宽一点，一只脚在前，两只脚尖稍微往里收，脚跟稍微抬起。膝关节要有一定的弯曲，膝关节的投影在脚尖前面，上体向前倾斜，重心在前边。两手臂自然放松弯曲，两只手放在腹前。身体自然放松，眼睛盯住来球，两只脚要一直不停挪动，以方便起动（图4-38）。

#### 2. 稍蹲准备姿势

稍蹲准备姿势的重心要比半蹲准备姿势稍微高点，动作方法和半蹲准备姿势基本相同，大多数应用于扣球前的助跑或对方组织进攻需要快速起动的时候（图4-39）。

#### 3. 低蹲准备姿势

低蹲准备姿势的重心比半蹲准备姿势还要低，且更靠前，两脚之间的距离要更宽一些，膝关节的弯曲角度要更大一些。这时候肩部的投影要超过膝盖，膝关节的投影要超过脚尖，两只手要放在腹部之上。低蹲准备姿势主要用于防守和接拦回球（图4-40）。

图4-38　半蹲准备姿势　　　图4-39　稍蹲准备姿势　　　图4-40　低蹲准备姿势

## （二）移动技术

从起动到制动之间的人体位移称移动。移动可以使队员及时地接近球，保持好人与球的关系，以便合理完成击球动作；迅速的移动可以占据场上的有利位置，争取时间和空间；队员是否能及时地移动到位是完成技术的关键。

### 1．起动

移动发力的开始，即为起动，移动的关键是起动的速度。起动的速度主要取决于正确的准备姿势、运动员的反应能力和其腰腿部的速度力量。在排球比赛过程中，运动员要根据场上的情况，运用不同的准备姿势，这样才能随时随地改变移动方向。

### 2．移动步法

（1）并步与滑步。当球和身体的距离在一步左右时，可以运用并步移动。例如，向前移动的时候，后腿要蹬地，前面一只脚要向来球的方向跨出一步，后腿要迅速跟上，做好击球的准备。当球在身体的侧面并离身体稍远且并步不能立刻接近球的时候，可以运用连续的并步，这种连续的并步就是滑步。

（2）跑步。当球与身体的距离较远的时候，需运用跑步。通过跑步来移动的时候，两只手臂要配合身体前后摆动。当球飞来时，要边跑边转身，并且逐渐将身体重心降低，准备击球。

（3）交叉步。以向右交叉步为例。上体稍向右转，左脚从右脚前面向右交叉迈出一步，然后右脚向右跨出一大步，同时身体转向来球方向，保持击球前的姿势。

（4）跨步和跨跳步。跨步要比交叉步的移动距离近一些，主要用于接1～2米的低球。移动的时候步子要迈大一些，身体重心要低。例如，向前移动，那么后脚就需要用力蹬地，前脚向前跨出一大步，膝关节弯曲，上体向前倾斜，身体重心要从后腿移至前腿上，可以向前方、向斜前方或向侧方移动。跨跳步就是在跨步的过程中做出跳跃腾空的动作（图4-41）。

图 4-41　跨步

### 3．制动

在快速移动之后，为了保持稳定的击球姿势和克服身体惯性，必须运用制动技术。

一步制动法：一步制动时，最后跨出一大步，同时降低重心，膝和脚尖适当内转，全脚掌横向蹬地，抵住身体重心，并用腰腹力量控制上体，使身体重心的投影落在两脚所构成的支撑面内。

两步制动法：两步制动时，以倒数第二步做第一次制动，紧接着跨出最后一步做第二次制动，同时身体后仰，重心下降，双脚用力蹬地，使身体做好下一个动作的姿势。

## （三）垫球技术

垫球是用单手或双手手臂或手的坚硬部位，由球的下方向上击球的技术动作。垫球主要用于接发球、扣球、吊球及拦回球，有时也用来组织进攻。

### 1．正面双手垫球

正面双手垫球是双手在腹前垫击来球的一种垫球方法，是各种垫球技术的基础，也是最基本的垫球方法（图4-42）。正面双手垫球的基本手型有抱拳式、叠掌式和互靠式（图4-43）。按来球力量大小正面双手垫球可以分为垫轻球、垫中等力量球和垫重球。

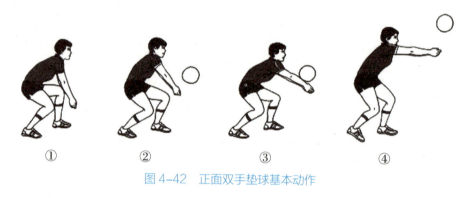

①　　　②　　　③　　　④

图4-42　正面双手垫球基本动作

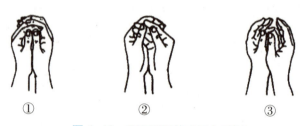

①　　　②　　　③

图4-43　正面双手垫球基本手型

### 2．侧面双手垫球

侧面双手垫球是用两臂在身体两侧垫球的技术动作。这种技术动作主要用于来球速度较快、离体侧较远、来不及移动的情况。当球飞向左侧时，左脚向左跨出一步，这时右脚前脚掌内侧蹬地，左膝弯曲，身体重心放在左脚上，两手臂夹紧向左伸出，右肩微向下倾斜，同时腰右转、左肩上提（图4-44）。两臂垫击球的后下部将球的飞行路线截住，侧垫时，两手臂要先伸向来球方向截住球，不要随球伸臂，否则球接触手臂后会向侧方飞出。还要特别注意，两手手臂不要弯曲，否则会影响垫球效果。

①　　　②　　　③　　　④

图4-44　侧面双手垫球

### 3．背垫球

后背向着垫球方向，从体前向背后将球垫起的垫球动作称为背垫球。背垫时，首先应判断好球的飞行方向，迅速移动到球的落点处，背对着出球方向，两臂夹紧伸直，插入球下。同时配合蹬地、抬头挺胸、展腹后仰等动作，将直臂向后上方摆动，抬臂将球垫起。当来球较低时，应屈肘、翘腕，用虎口处将球向后上方垫起。

## （四）传球技术

传球是用双手（或单手）在额前上方，利用蹬腿、伸臂协同一致的动作及手指、手腕的弹力完成的击球技术动作。

### 1．正面传球

（1）手型：手触球时十指应自然张开使两手成半球状，手腕稍后仰，以拇指内侧，食指全部，中指的二、三指节触球的后下部，无名指和小指在球两侧辅助控制球的方向。两拇指相对近"一"字形。

（2）动作方法：如图 4-45 所示，准备姿势采用稍蹲姿势，上体稍挺起，仰头看球，两手自然抬起，屈肘，放松置于额前。当来球接近额前时，开始蹬地、伸膝、伸臂，手指微张

图 4-45　正面传球

从脸前向前上方迎出。全身各部位动作应协调一致。击球点在脸额前上方约一球距离处。在迎球动作的基础上，当手和球即将接触前，手腕和手指要有前屈迎球的动作；当手和球接触时，各大关节应继续伸展，最后用手指、手腕的弹力将球击出。

### 2．侧向传球

身体侧对传球目标，在不转动身体的情况下，靠双臂向侧方传球的动作称为侧向传球。侧传的准备姿势、手型及迎球动作同正面传球，但击球点应偏向传出方向一侧。迎球时，通过下肢蹬地使身体重心向上伸展，上体和双臂向传球方向一侧伸展。异侧手臂动作的幅度要大些，伸展的速度也应快些，以双臂和上体侧屈的协调动作将球传出。

### 3．背向传球

传球时须把身体的背面正对传球的目标，上体保持正直或稍微后仰，击球点应略高于正面双手传球。当球飞来时，头稍向后仰并挺胸，上体向后上方伸展的同时下肢蹬地。击球时，手腕适当地后仰，掌心向后上方，击球的底部，利用蹬地、送髋、抬臂、送肘使手指、手腕主动向上方用力，将球向后上方传出。

## （五）发球技术

发球是进攻的开始。发球可以直接得分，也可以破坏对方一攻的战术组成，还可以起到先发制人的作用。所以发球既要有攻击性，又要有准确性。

### 1．正面下手发球

这种发球动作简单，适用于初学者，但球速慢，攻击性不强。如图 4-46 所示，发球者面

对网，两脚前后开立，左脚在前，右脚在后，两膝弯曲，上体前倾，左手持球于腹前。左手将球垂直上抛在右肩的前下方，离手约 20 厘米高即可。在抛球的同时，右臂伸直后摆，身体重心也适当后移。以肩为轴，手臂由后经下方向前摆动，身体重心也随之前移，在右肩的前下方腹前高度用全手掌击球的后下方。击球后，随着身体重心前移之势迅速跨步入场。

① ② ③ ④ ⑤ ⑥

图 4-46　正面下手发球

### 2. 正面上手发球

正面上手发球面对网站立，便于观察对方，发球的准确性大，易于控制落点，并能充分利用转体、收腹动作带动手臂加速挥动，以便通过手腕的推压动作，加大击球的力量和速度。面对球网，两脚自然开立，左脚在前，左手持球于体前。用抬臂和手掌的平托上送，将球平稳地垂直抛于右肩的前上方，高度适中。在左手抛球的同时，右臂抬起，屈肘后引，肘与肩平，上体稍向右侧转动。击球时，利用蹬地使上体向右转动，同时收腹，带动手臂挥动。在左肩上方伸直手臂，用全掌击球的中下部。击球时，手指自然张开吻合球，手腕要迅速主动地做推压动作，使击出的球呈上旋飞行。击球后随着重心前移，迅速进场（图 4-47）。

① ② ③ ④ ⑤ ⑥

图 4-47　正面上手发球

### 3. 侧面下手发球

侧面下手发球动作较为简单，主要靠腰腹转动带来的力量带动手臂挥动击球，比较省力，稳定性较大，容易掌握，但攻击性较小。如图 4-48 所示，两只脚要左右开立并与肩同宽。膝关节稍弯曲，上体略前倾，左肩对球网站立，左手持球将球放在腹前位置。发球时用左手将球抛起，距腹前约一臂远，高度约离手 30 厘米。在抛球的同时，右臂伸直后摆至身体右侧后下方。击球时，右脚蹬地，身体左转带动右臂向体前上方摆动，用全手掌或掌根在腹前击球的后下方将球击出。击球后，迅速进入场地准备接球。

①　　②　　③　　④　　⑤

图4-48　侧面下手发球

## （六）扣球技术

扣球是队员从本方区域跳起将球从过网区击入对区的一种击球动作。扣球是排球运动中攻击性最强的基本技术，是完成战术配合的最后一个技术动作。扣球技术的好与坏是决定胜负的关键，它需要运动员有一定的弹跳能力、良好的腰腹力量，并掌握快速挥臂鞭打和控制球的能力。

### 1. 正面扣球

两脚开立，膝关节微屈，上体稍前倾，两臂自然下垂，站在离网3米左右的位置，观察二传来球，随时准备向各个方向助跑起跳。助跑时首先左脚要先向前迈出一步，接着右脚迅速跨出一大步，同时左脚及时并上，落在右脚侧前方，两脚尖稍内收准备起跳。助跑的第一步要小，这样可以使上步的方向对正，也可以使身体获得向前的水平速度；第二步要大，这样可以提高接近球和提高助跑的速度；为了利于制动，要使右脚的落地支撑点位于身体重心之前。助跑跨出最后一步的同时，两手臂经体侧向后引，两臂自后积极向前摆动的同时左脚要落地制动，双腿蹬地向上起跳时，两手臂要配合起跳用力上摆。起跳后，挺胸、展腹、上体稍向右转，右臂向后上方引臂，使身体成反弓形。

挥臂时转体要迅速，快速收腹，集中力量摆动肩、肘、腕各关节，成鞭甩动作，向前上方挥动击球。击球时，击球点要保持在起跳和手臂伸直最高点的前上方，五指自然张成"勺"形，并保持紧张状态，以掌心为击球中心，全手掌包满球击球的后中部，同时屈腕屈指主动用力向前推压，使扣出的球加速上旋。在空中完成击球动作后，身体自然下落，为了减轻腿部负担，应使双脚的前脚掌先着地，同时顺势屈膝，以缓冲身体下落的力量。

### 2. 勾手扣球

起跳后，左肩对网，通过转体动作，带动右臂向左上方挥动击球的方法叫作勾手扣球。如图4-49所示，助跑的最后一步，两脚与中线平行，左肩对网，完成起跳动作后或起跳后在空中时使左肩转向球网。跳起后，上体稍后仰或稍向右转，右肩下沉，当左臂挥至脸前后迅速引至体侧，手臂伸直，掌心向上，手指微张成"勺"形，同时，挺胸展腹。击球时利用向左转体及收腹的力量使手臂伸直，手臂由下经体侧向上画弧挥动，用全手掌在头的前上方最高点处击球的后中部。整个动作与勾手大力发球相似。

### 3. 单脚起跳扣球

助跑后第二只脚不再踏地而直接向上摆动帮助起跳的一种扣球叫作单脚起跳扣球。单脚起跳扣球时球与网的夹角较小，应采用顺网的一步、两步或多步的助跑。助跑后，左脚跨出一大步，上体向后倾斜，左脚迅速蹬地起跳的同时右腿也向前上方摆动，为利于起跳，两臂应配合摆动，起跳后扣球动作与正面扣球动作相同。

①　　　　②　　　　③　　　　④　　　　⑤　　　　⑥

图 4-49　勾手扣球

### （七）拦网技术

拦网是队员在网前以身体任何部分阻挡对方击球过网的技术动作。掌握拦网技术，提高拦网技术水平，对夺取比赛的胜利起着极其重要的作用。

#### 1. 单人拦网

两脚平行站立，大约与肩同宽，身体正对球网，距离球网 30 ~ 40 厘米，膝关节微屈，两手臂自然弯曲放在胸前，以便随时准备起跳或移动。比赛中拦网队员需要及时移动，以便对准对方进攻点，常用并步、滑步、交叉步、跑步移动。拦网起跳时，降低重心，膝关节弯曲，弯曲程度可以因人而异，两脚用力蹬地，用两臂在体侧画小弧形成的上摆力量带动身体向上垂直起跳，起跳后利用收腹来控制身体平衡。拦网起跳的时间可以通过对方二传球的高低、远近、快慢及扣球队员的起跳时间和动作特点来决定。拦高球时，一般在扣球队员跳起之后起跳；拦快球时，可以和扣球队员同时起跳或提前起跳。起跳的同时，两手臂要与球网平行，努力向网上沿的前上方伸出，两手臂伸直，前臂要与网接近，两手伸向对方上空接近球，两手自然张开，屈指屈腕呈"勹"形。为了防止球从两手间漏过，两手之间的距离不能超过一个球。当手触球时，两手要突然紧张，要用手腕的力量由上而下盖住球。站在靠近边线的拦网队员，为了防止对方打手出界，拦网时外侧手掌心要内转。拦远网扣球时，手臂要尽量向上伸直，手腕不能下压，以提高拦击点。如果球已经被拦回，则要面向对方，屈膝缓冲，双脚落地。如果没有拦到球，身体下落时，要向着球飞出的方向转身救球。

#### 2. 双人拦网

拦网时应以一人为主拦队员，另一人为配合队员。但主拦队员不是固定的，一般情况下距对方扣球点近的队员应为主拦队员。主拦队员必须抢先移动到对正扣球点的位置，做好起跳准备，配合队员则迅速移动靠近主拦队员，准备同时起跳。两队员之间的距离一定要合适。距离太远，跳起后将出现"空门"；距离太近，起跳时易互相干扰，致使双方都跳不高。双人拦网起跳时，两人的手臂应该在体前画小弧向上摆伸，都要尽量垂直向上起跳，要防止互相碰撞或干扰。手臂在空中既不能重叠，以免造成拦击面缩小，又不能间隔太宽，以免造成中空漏球。扣球靠近边线时，靠边线近的拦网队员外侧的手应适当内转，以防打手出界。

### 3．三人拦网

该拦网方式多在对方进行高点强攻的情况下运用。三人拦网时，不论对方从哪个位置进攻，都应以本方中间位队员为主拦者，两侧队员主动配合，集体起跳拦网。

## 三、排球运动战术

### （一）个人战术

#### 1．发球个人战术

（1）找点发球战术。将球发到对方接发球力量薄弱的区域。据统计，将球发到对方后场两个角上的效果最好，其次是对方场地的腰部、前区，特别是二传队员的背后。

（2）找人发球战术。将对方接发球差、信心不足或新换上场的队员作为攻击目标；或将球准确地发到两人站位的接合部，造成争抢或互让。

（3）拼发球战术。采用大力发球、跳发球、重飘球等攻击性发球，力争得分或破坏对方进攻。这是有实力的队经常采用的发球战术。

（4）变化发球战术。利用发球性能及力量的变化、发球队员的站位变化（发球区左右两边或中间、远近）、发球线路的变化、发球长短的变化来造成对方不适应。

#### 2．扣球个人战术

（1）变化扣球动作。运用转体、转腕的扣球技术，突然改变扣球方向，以避开对方拦网；运用超手高点扣球技术，从拦网人手上方进行突破进攻；选用正面扣球变为勾手扣球动作，造成对方拦网判断失误；利用突然性的两次攻，造成空网或一对一进攻的有利局面；高点平打，造成球触拦网手后飞向后场远区或有意向两侧打手出界；突然用单脚起跳扣球，使对方来不及拦网；有意识地提早或延迟扣球时间，使对方难以掌握拦网的起跳时间；运用轻扣或吊球技术，使球随拦网队员一同下落，增加拦网队员自我保护球的难度或使球在对方网前或拦网队员的身后；利用时间差、位置差、空间差等，晃开对方拦网。

（2）变化扣球路线。扣球时直线和斜线相结合，长线与短线相结合；利用助跑路线与扣球路线不同的方向，迷惑对方拦网和防守队员，如直线助跑扣斜线球、斜线助跑扣直线球等；朝防守技术差和意志不顽强的队员扣球，或扣向对方空当和防守薄弱的区域等。

（3）扣球时避开拦网队员的手。运用扣球路线的变化，如扣直线、斜线和小斜线等；运用近网与远网的变化，使对方拦网者不易判断过网点与时机；扣吊结合，熟练运用扣球动作，提早或延迟击球时间；利用两次球战术使对方不能组成双人拦网。

（4）扣球时利用拦网队员的手，造成对方失误。打手出界，轻扣球触及拦网队员的手，造成球随拦网队员一同下落；平打，造成对方拦网触手后落入后区或出界；运用吊球，使球落在对方网前。

#### 3．拦网个人战术

（1）改变空中拦网手的位置。例如，在空中拦直线时突然移动手臂改为拦斜线等。

（2）采取不同的拦线起跳方法迷惑对方。拦网队员可采用在拦直线位置起跳向侧伸臂拦斜线或在拦斜线位置起跳拦直线的方法来迷惑对方扣球队员。

（3）制造对方出界。在发现对方要打手出界时，可在空中及时将手撤回，造成对方扣球出界。

（4）有时可制造假象，使对方受骗。如假装露出中路空当，引诱对方扣中路，对方扣球后即突然关门拦中路球。

### （二）集体战术

#### 1. 集体进攻战术

（1）"中一二"进攻战术（图4-50）。由前排③号位队员担任二传，其他5名队员都将来球垫（传）给二传队员，再由二传队员将球传给④号位或②号位队员进攻。它是进攻战术中最基础、最简单的一种进攻战术形式。

（2）"边一二"进攻战术（图4-51）。"边一二"进攻战术也是一种比较简单的进攻战术形式。它与"中一二"进攻战术的相同之处，是前排只有两名进攻队员。其不同点是二传队员不是站在③号位，而是站在②号位和③号位之间，将球传给③号位或④号位队员进攻。

（3）"后排插上"进攻战术。由站在后排的二传队员在对方发球击球后，或由本队队员将对方进攻的球防起之后，或在对方的第三次击球，不可能进行强有力的进攻时，迅速插到网前担任二传，将球传给前排三个进攻队员中的任何一个队员，扣球进攻，其他两名队员做佯攻掩护。根据后排队员插上时起动的位置不同，可以分为①号位、⑥号位和⑤号位插上；根据场上情况不同，又分为接发球时的插上和接扣球时的行进插上（图4-52）。

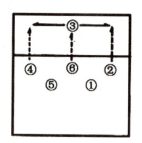 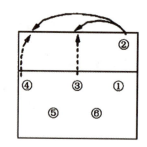 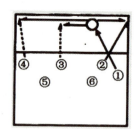

图4-50 "中一二"进攻战术　　图4-51 "边一二"进攻战术　　图4-52 "后排插上"进攻战术

#### 2. 集体防守战术

（1）接发球战术。

①2人接发球阵形：由2名后排队员负责全场接发球，另一名后排队员不接发球，专门进行后排进攻。

②3人接发球阵形：前排2名队员和1名插上队员不接发球，或前排3名队员都不接发球，而由后排队员担负全场一传任务。

（2）接拦回球阵形。

2人或1人接拦回球阵形：本方以"立体进攻"为主时，进攻点分散且变化大，场上4名或5名队员在掩护、跑动进攻。因此，二传队员组织进攻后应立即参与接拦回球，形成2人或1人接拦回球阵形。如图4-53所示，前排3名队员掩护、跑动，后排⑥号位队员进行后排进攻，①号位队员传球后立即下撤，⑤号位队员迅速向进攻点移动接拦回球。如图4-54所示，前排3名队员掩护、跑动，后排①号位、⑥号位队员进行后排进攻，⑤号位队员传球后立即下撤，迅速向进攻点移动接拦回球。其他没有扣球的队员都应尽可能地参与接拦回球，以加强接拦回球的力量。

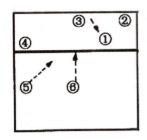

图 4-53　接拦回球阵形一

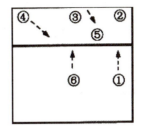

图 4-54　接拦回球阵形二

3 人接拦回球阵形：本方以前排快攻配合为主时，进攻点变化较大，前排 3 名队员掩护、跑动，二传队员组织进攻后立即参与接拦回球，形成 3 人接拦回球阵形。

### 四、排球运动规则

#### （一）比赛方法

排球比赛是两队在有球网分开的场地上进行的比赛，每队 6 人。比赛由后排右边的队员发球开始，直至球落地、出界、某一队员犯规（违例）。在比赛中，每队可击球三次（拦网时除外）将球击回对方场区，一个队员不得连续击球两次。排球比赛采取五局三胜制或三局二胜制，一个队赢得 25 分，同时超过对方 2 分时胜。

#### （二）发球犯规

正确发球，即发球队员在本方端线后击球，也可以有助跑或跳起，一手将球抛起，用另一只手（张开或握拳）或手臂的任何部位将球击出。

1．发球犯规

（1）击球时脚踏及端线或踏出两边线的延长线。

（2）未将球抛起，或击球时球未清晰离手就击球。

（3）双手击球或用单手将球抛出、推出，以及用手臂以外的身体部位击球。

（4）发球队员未能在裁判员鸣哨后八秒钟内将球发出。

（5）发球队进行个人或集体发球掩护。

（6）发球队的队员站在场外或踏出场区界线。

（7）发球次序错误。

2．发球失误

（1）发出的球触及任何物体或发球队的队员，球没有过网。

（2）发出的球触及球网或标志杆，未从过网区域越过。

（3）发出的球触及对方队员而落在对方场外地面上。

#### （三）持球、连击的判断

（1）持球。击球时没有将球明显地击出或触球时有较长时间的停留（如推掷、携带等），即持球犯规。判断持球的主要依据是接触球时有无较长时间的停留。根据比赛队水平可适当放宽尺度，但前后需一致。

（2）连击。一名队员连续击球两次或使球连续触及他的身体不同部位，即连击犯规（拦网除外）。但在第一次击球时，除上手传球外，允许身体不同部位在同一击球动作中连续触球。

### （四）网上球的判断

#### 1. 触球出界

触球出界指球触及拦网队员的手后出界。

#### 2. 触网

比赛过程中，队员触网或触标志杆不是犯规。但队员在击球时或干扰比赛情况下的触网或触标志杆为犯规。队员击球后可以触及网柱、全网长以外的网绳或其他任何物体，但不得影响比赛。

#### 3. 过网击球

在对方场区空间内击球为过网击球犯规。判断过网击球犯规的依据是击球点是否在对方场区间。例如，击球点在本场区上空，击球后随球过网是允许的。

#### 4. 过网拦网

对方完成进攻性击球以后，过网拦网是允许的。但是在对方击球前和击球时，如果过网拦网，则造成过网拦网犯规。

### （五）暂停与换人

只有在比赛成"死球"时，经教练员或场上队长请求，裁判员才允许暂停或换人。每局中，每队可以暂停两次，每次暂停的时间为 30 秒钟。暂停时间从裁判员鸣哨开始计算。

每一局可以替换六人次（一名队员下场另一名队员上场为一人次）。

每局开始上场的队员，只能退出比赛一次。在同一局中，该名队员再次上场比赛时，只能回到原本所在的位置。自由防守的球员不受限制。

### （六）其他

#### 1. 界内球

球落在场区以内（包括场地界线）的任何地面上，以球的整体垂直投影线为准。压边算界内球。

#### 2. 界外球

球的整体垂直投影未落在场地内。另外，球触及标志杆并从标志杆延长线高度上空或标志杆外过网，应判为界外球。

#### 3. 过中线犯规的判断

比赛进行时，队员整个脚或身体的任何部分越过中线触及对方场区时为过中线犯规。但队员的一只脚或双脚越过中线触及对方场区的同时，脚的一部分接触中线或置于中线的上空是被允许的。

## 课后训练

1. 简要说明足球运动的起源、特点和锻炼价值。

2. 足球运动的技术要领是什么？足球比赛中通常采用的阵形有几种？

3. 说说篮球、排球运动的特点和锻炼价值是什么。请简述篮球、排球各有哪些基本技术和基本战术。

4. 请举例说明篮球进攻或防守的动作要领，说说哪种进攻或防守不犯规。

5. 请举例说明排球垫球的动作要领和练习方法，以及排球的 5 种进攻战术。

# 第五章
# 传统小球类运动

## 第一节　乒乓球运动

### 一、乒乓球运动概述

　　乒乓球最早起源于英国，是由网球派生而来的。当时乒乓球有着各种各样的名称，球台大小和球网的高低均无统一规定，记分方式有 10 分制、20 分制、50 分制、100 分制。发球的方法也无严格限制，可以把球先击到本方台面再落到对方台面；也可将球直接发到对方台面规定的地方或任何地方。由于当时普遍使用的羔皮纸球拍击到球和球落在球台上常发出"乒乓"的声音，于是人们就将这项运动称为"乒乓球"。

　　20 世纪初，乒乓球运动逐渐在世界各国开展起来。1926 年 1 月，在柏林举行第一次国际乒乓球邀请赛时，召开了一次有德国、英国、奥地利和匈牙利乒乓球协会代表参加的座谈会，会议决定成立国际乒乓球联合会。1926 年 12 月，国际乒乓球联合会在英国伦敦成立，并将随后举行的欧洲乒乓球锦标赛确定为第一届世界乒乓球锦标赛。目前，世界性的乒乓球大赛有世界乒乓球锦标赛（以下简称"世乒赛"）和乒乓球世界杯等。

　　我国乒乓球运动是从 1916 年开展起来的。1952 年，我国加入国际乒乓球联合会。1953 年，我国参加了第 20 届世乒赛。1959 年，在第 25 届世乒赛上，我国优秀运动员容国团第一次夺得世乒赛男子单打冠军。1961 年，我国主办了第 26 届世乒赛。在这届比赛中，我国运动员夺得男子团体和男、女单打 3 项冠军。从此，我国乒乓球运动水平走到了世界前列。经过几代人的努力，我国乒乓球运动的技术水平得到进一步提高，逐步形成了"快、准、狠、变、转"的独特的近台快攻打法，并在国际大赛中屡建奇功，特别是在第 36 届世乒赛上，我国运动员夺得全部 7 项金牌，创造了世界乒乓球史上的奇迹，为祖国赢得了荣誉，也为世界乒乓球运动的发展做出了贡献。此后，中国乒乓球队始终站在世界乒坛的最高峰。

　　乒乓球运动器材设备简单，在室内室外都可以进行，运动量可大可小，不同年龄、性别和身体条件的人都可以参加，很容易被大众接受。长期参加乒乓球运动，不仅可以增强身体素质，还可以改善心血管系统和呼吸系统的功能。乒乓球小，速度快，变化多，要求练习者在短时间内对瞬息万变的击球有较强反应能力和应变能力。它能提高人体神经系统的灵敏性、协调性。

## 二、乒乓球运动技术

### （一）握拍法

#### 1. 直拍握拍法

（1）直拍快攻式握拍法。如图5-1所示，用食指第二指节和拇指第一指节扣拍，拇指与食指间距离适中；其他三指自然弯曲，中指第一指节贴于拍的背面。

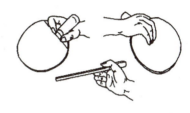

图5-1 直拍快攻式握拍法

（2）直拍弧圈球式握拍法。如图5-2所示，拇指紧贴在拍柄的左侧，食指扣住拍柄，形成一个小环状紧握拍柄。其他三指自然伸直，中指第一指节顶住球拍的背面中间。

（3）直拍削球式握拍法。如图5-3所示，大拇指弯曲紧贴在拍柄的左侧，并用力压拍。其他四指自然分开，托住拍的后面。正手削球时，前臂旋后使球拍后仰；反手削球时，拍后四指灵活地把球拍抖起，使拍柄向下。

图5-2 直拍弧圈球式握拍法

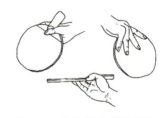

图5-3 直拍削球式握拍法

#### 2. 横拍握拍法

采用横拍握拍法能在正、反手位用球拍的两面回击对方来球，其优点是拍柄延伸距离长，正、反手的防守横截面较大；容易在发力进攻与防守时衔接紧密。其主要缺点是攻直线球时动作明显，很容易被识破；另外，挥拍时的摆速较慢，处理台内短球的难度较大。如图5-4所示，虎口贴住拍肩，中指、无名指和小指自然地握住拍柄，拇指在球拍的正面轻贴于中指旁边，食指自然伸直斜贴在球拍的背面。

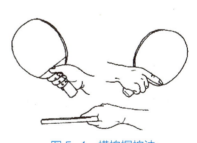

图5-4 横拍握拍法

### （二）发球

#### 1. 正手平击发球

正手平击发球是初学者最基本的发球方法。球速一般，略带上旋。动作是站在近台中间偏左处，抛球同时向右侧上方引拍，上臂带动前臂向前平行挥动，拍形稍前倾，在球的下降期击球的中上部向前方发力，使球的第一落点在球台的中段附近。

## 2．正手发右侧上旋急长球

正手发右侧上旋急长球球速快，落点长，角度大，冲力强。球的飞行弧线低且向左偏斜，具有较强的右侧上旋。如图 5-5 所示，左脚稍前，身体略微向右转，当球向上抛起的同时，执拍手随即向右后上方引拍，拍形稍前倾，腰向右转。当球下降至网高时，以肘关节为轴，上臂带动前臂由右后方向左前方挥动，触球瞬间运用手腕的弹击力量，再变化拍面发斜、直两线，提高隐蔽性，这时重心由右脚向左脚移动。

图 5-5　正手发右侧上旋急长球

## 3．正手发下旋加转球与不转球

正手发下旋加转球与不转球球速较慢，前冲力小，主要用相似的发球动作制造旋转变化来迷惑对手。动作是左脚在前，右肩侧对球台，持球向上抛球，同时，持拍手臂将拍引至后上方略比肩高，肘部后移，带动手腕旋内，球拍呈横向拍面垂直，身体重心后移。当球回落时，肘关节加速运动，前臂带动手腕猛然加力旋外，在胸腹前偏右一臂距离处，拍形后仰用球拍下部靠左的部位，触球部位为正后位底部，加大力臂摩擦球体，击球后，随势将身体重心移至前脚。切球愈薄，发球愈转。

## 4．反手平击发球

反手平击发球的出球性质与正手平击发球相类似，但整个技术动作都与之差异非常大。发球时，右脚在前，左脚在后，身体稍向左转。左手掌心托球，置于身体左侧，右手持拍于体前。抛球后，球拍开始后撤，待球将回时，小臂从身体左后方，向前挥击球的中上部，整个过程为"抛—拉—打"。

## 5．反手发急球

比赛中为能很好地牵制对方，可偶尔使用反手急球。可反手发急球再突然使用正手，作为主要战术的配合。左手把球向上抛起，同时右臂外旋，让拍面稍前倾，上臂自然靠近身体左侧，向左后方引拍。球从高点下降至低于网高时，击球左侧中上部，触球的瞬间前臂要加速向右前上方横摆，手腕控制球拍应加力摩擦球，腰部配合向右转动。

### （三）接发球

#### 1．站位与判断

（1）选择站位。

根据对方的站位情况选择自己的正确站位，应充分考虑到这种站位是否能有效顾及对方来球的任何一落点。一般来讲，如果对方站在球台左半台，本方也应站在球台的左半台；若对方站在球台的右半台，本方也应相应调整至球台的中间偏右位置。为了有利于照顾球台的各个部位，有利于前后移动接长短球，站位离球台 30 ～ 40 厘米为宜。

（2）判断来球性能。

方向的判断：主要依据对方发球时的挥拍击球方向和挥臂方向两个因素来进行判断。对方所发来的球通常分为斜线球和直线球。发斜线球时拍面要向侧方偏斜，手臂应向斜前方挥出；发直线球时，拍面与手臂向前挥出。

旋转的判断：在判断旋转性质时，可从以下几个方面进行考虑。

板形：一般情况下，发上旋球时，板形比较竖；发下旋球时比较平、斜。出手：发上旋球和不转球时一般出手比较快；下旋球的出手相对要慢一些。动作轨迹：发上旋球和不转球时，球与球拍接触的一瞬间，手腕摆动的幅度一般不是很大，并时常与假动作配合；在发侧下旋球和下旋球时，手腕摆动相对大一点，动作也比较固定。弧线：上旋球和不转球的运行一般较快，发短球时容易出台，弧线低平；下旋球运行比较平稳，弧线略高，短球不容易出台。

### 2．接发球方法

（1）接下旋球。用搓球的方法回接。

（2）接下旋长球。用搓球、削球、提拉球回接，搓或削时多向前用力。

（3）接上旋转。正、反手攻球或推挡回接，拍面适当前倾，击球的中上部，调节好向前的力量。

（4）接近网短球。用快搓、快点或台内突击回接，主要靠手腕和前臂的力量。

（5）接转与不转接。在判断不准的情况下可轻轻地托一板或撇一板，但要注意弧线和落点。

（6）接左（右）侧下旋球。一般采用搓球、削球回击较为稳健。回接时拍面角度要稍后仰，稍向上用力。拍面所朝方向（来球方向）向左（右）偏斜以抵消来球的左（右）侧旋。如用推、攻回接，除注意拍面角度和所朝方向（来球方向）外，还要加大向上摩擦球的力量。

（7）接左（右）侧上旋球。一般采用推、攻回击为宜。回接时拍面角度稍前倾，加大向前下方的用力。当来球带左侧旋时，可让拍面朝左（来球方向）偏斜，以抵消来球旋转；当来球带右侧旋时，可让拍面朝右偏斜，以抵消来球旋转。

（8）接高抛发球。如球着台后拐弯的程度大，应向拐弯方向提前引拍。

（9）接急球。接带有上旋的左方急球，一般用反手推挡或反手快拨还击，也可采用侧身回接，接带有上旋的右方急球，可用正手快攻、快攻借力回接。

（10）接不同性能球拍的发球。长胶、生胶、防弧胶的发球基本属于不转球，应采用相应的方法回接。

### （四）挡球和推挡球

#### 1．挡球

挡球球速慢，力量较轻，动作简单，易掌握。对方攻击时，挡球还可以作为防御的一种手段。如图 5-6 所示，身体离球台大约 50 厘米。击球之前，前臂与台面应平行伸向来球。拍触球时，前臂和手腕要稍向前移动，主要是借助对方来球的反弹力把球挡回。在上升期，击球的中部，拍形与台面接近垂直。击球之后，快速收回球拍，快速还原成击球前的准备姿势。

图 5-6　挡球

### 2. 加力推

加力推回球力量要重，球速快，击球点较高；要充分发挥手臂前推力量，压制对方攻势，这样利于争取主动权。如图5-7所示，站位在球台中间或偏左，身体离台约50厘米。两脚平站或右脚稍前，两膝微屈，收腹含胸，身体向前或略向左转；右上臂和肘关节靠近身体右侧，前臂外旋并向上提起，引拍至身前或偏左，与球网同高或略高，拍面稍前倾。来球飞越球网时，上臂、前臂和手腕向前，挥拍迎球，同时，腰、髋向左转动，在来球的上升后期或高点位，以前倾的拍形推击球的中上部。球拍击球瞬间，上臂、前臂和手腕向前上方发力推压，腰、髋亦协助用力。击球后，手和臂顺势向前下方挥动，并迅速还原成准备姿势。

图5-7　加力推

### 3. 减力挡

减力挡回球弧线低、落点低、力量轻。回接对方的大力扣杀或加力推挡时能减弱回球的力量。动作站位与挡球相同。击球前身体重心略升高，稍屈前臂，球拍保持合适的前倾角度；触球瞬间，有意识地做手臂和手腕后收的动作；在削弱来球反弹力的同时，借来球的力量将球挡过去，以增加回球速度。

### 4. 快推

快推要借力还击，回球速度要快，力量要轻。在发挥出速度优势的同时，快推能起到助攻作用。站位在球台中间或偏左，身体离台约40厘米。两脚平站或右脚略后，两膝微屈，收腹含胸，身体向前或略向左转。右上臂和肘关节靠近身体右侧。手自然弯曲，引拍至身前或偏左，同时前臂外旋，使拍面稍前倾。来球从台面弹起后，前臂和手腕向前，挥拍迎球，在来球的上升期，以稍前倾的拍形推击球的中上部。球拍击球瞬间，前臂和手腕自然向前或向前兼略向上发力，并主要借用来球的反弹之力将球快速击回。击球后，手和臂顺势向前挥动，并迅速还原成准备姿势。动作过程中，身体的重心要放在双脚上。

## （五）攻球

### 1. 正手快攻

正手快攻站位较近、动作小、球速快，借球反弹力进行还击，能缩短对方的准备回击时间，争取主动，为进攻创造有利条件，也可直接得分。如图5-8所示，站位在球台中间或偏左，身体离台约50厘米。左脚稍前，身体重心放在右脚上，两膝微屈，收腹含胸，身体稍向右转；右臂自然弯曲，前臂后引，将拍引至身体右侧，略偏后，同时前臂内旋，使拍面稍前倾，来球从台面弹起后，在上臂的带动下，以前臂和手腕为主向左前方或左前上方挥拍迎球，同时，腰、髋带动上体向左转动，在来球的上升期，以前倾拍形迎击球的中上部。球拍击球瞬间，以前臂和手腕为主向左前方或左前上方发力击球，腰部亦协助用力。击球后，手和臂顺势向左前方或左前上方挥动，并迅速还原成准备姿势。动作过程中，身体重心从左脚移到右脚上。

图 5-8　正手快攻

### 2．反手快攻

反手快攻站位近，动作小，球速快，借来球的反弹力进行还击。反手快攻打上旋球时，右脚稍前，同时身体左转，右肩前顶略下沉，肘关节靠近身体，上臂与前臂夹角约为130°。向左侧方引拍，使拍略高于来球，以上臂带动前臂由左后方向右前方挥动，手腕配合外旋，在来球的上升后期或高点位击球的中部或中上部。反手攻打下旋球时，拍形垂直或略后仰，以肘关节为轴，以前臂发力为主在来球的下降前期击球的中部或中下部。球拍多摩擦球，制造一定的上旋。

### 3．正手扣杀

正手扣杀动作大、力量重、球速快，攻击性强；在还击半高球时，就可以充分发挥击球的力量。如图 5-9 所示，站位在球台中间或偏左，多半在近台位置；左脚稍向前，两脚距离比其他攻球稍宽，身体重心放在右脚上，两膝微屈，收腹含胸，腰、髋及上体稍向右转；右臂自然弯曲，前臂后引，将拍引至身体右侧偏后，同时前臂内旋，使拍稍前倾。来球从台面弹起后，腰、髋带动身体及上臂向左转动，与此同时，上臂积极发力带动前臂和手腕向左前方挥拍迎球，在来球的高点位，以前倾拍形猛击球的中上部。球拍击球瞬间，以上臂和前臂为主向左前方发力击球，腰、髋亦积极协助用力。击球后，手和臂顺势向左前方挥动，并迅速还原成准备姿势。动作过程中，身体重心从左脚移到右脚上。若来球下旋，则拍形不要过分前倾，应击球的中部，并适当增加向上的力量。

图 5-9　正手扣杀

### 4．反手扣杀

反手扣杀动作幅度大、力量重、球速快、攻击性强，是还击半高球的一种有效的手段。扣杀时，直握拍选手的上臂应靠近身体，右脚稍前，同时前臂做旋外动作，拍形稍垂直，拍触球瞬间身体重心上提，食指压拍，拇指放松，使拍形稍前倾，在来球的高点位击球的左侧中上部，前臂快速向右前方发力。

### 5．正手拉攻

正手拉攻站位稍远，动作较慢，球速不是很快，应靠主动发力击球。这是还击下旋球的有效方法，在攻削球时也能为扣杀创造有利条件。如图5-10所示，选手站位在球台中间或偏左，身体离球台50～60厘米。左脚稍前，身体重心放在右脚上，两膝微屈，收腹含胸，身体稍向右转；右臂自然弯曲，前臂后引并下沉，将拍引至身体右后下方，同时前臂外旋，使拍面稍后仰。待来球弹起到高点时，在上臂的带动下，以前臂为主向左上前方挥拍迎球，在来球的下降期，后仰拍形迎击球的中下部。球拍击球瞬间，以前臂为主向左前上方发力摩擦击球，使球上旋。

图 5-10　正手拉攻

## （六）弧球

### 1．前冲弧圈球

前冲弧圈球出手快，球速快，弧线低，上旋强，着台后向前冲力大，是一种把力量和旋转结合得较好的进攻性技术。

正手拉前冲弧圈球：如图5-11所示，基本姿势同拉加转弧圈球，但身体重心稍提高。引拍时球拍与球同高或稍许低于来球，上臂带动前臂向右腰部侧后方展开，拍形前倾于高点期或上升后期，摩擦球的中上部，由右向左转腰带动上臂、前臂、手腕，由后向左前方发力，配合略向上摩擦，重心前移至左脚。

图 5-11　前冲弧圈球

反手拉前冲弧圈球：两脚分开，右脚略前，重心置于左脚，上体略左转，手臂自然弯曲，肘关节略近身，手腕内收，引拍时前臂外旋拉向左后方，拍形前倾。球弹起至高点或上升后期时，触球中上部，腰由左向右前上方转动，上臂带动前臂，以前臂为主加速向前略向上摩擦。

拍撞球后，手腕向前加力摩擦，重心由左脚转至右脚。

**2．加转弧圈球**

加转弧圈球飞行弧线较高，球速较慢，上旋力非常强；球着台后下滑速度较快，击出的球第一弧线较高，第二弧线较低，是对付下旋球非常有效的技术。

正手拉加转弧圈球：如图5-12所示，两脚分开，两膝内收微屈，重心置于右脚内侧，左脚在前，略提脚后跟，身体略右转，手腕外展，向后拉。引拍至右后方，当来球跳至高点或下降前期时，触球中上部或中部，腰髋带动上臂、前臂由后向前挥动，击球瞬间立即向前上方发力，右脚掌内侧用力蹬地，稍伸膝，前臂要迅速旋内收缩，协同摩擦，重心由右脚转向左脚。

图5-12　加转弧圈球

反手拉加转弧圈球：站于球台偏左部位，距台约60厘米。两脚基本平站，身体重心落双脚，双膝微屈，腹内收，腰、上身略向左转，前臂置腹前自然弯曲。引拍至腹部左侧下方，肘关节略向前，屈手腕，拍下垂，拍形稍前倾，于球下降前期触球中上部，触球瞬间脚用力蹬地，伸膝、转腹，腰髋带动上、前臂向前上方发力，协同摩擦，重心由左脚转至右脚。

## （七）搓球

**1．快搓**

快搓回球速度快、弧线低，且有一定的下旋力。

正手快搓，右脚稍前移，身体靠近球台。来球在身体左侧时，可运用反手搓球。击球时，上臂迅速前伸，前臂跟随向前，拍形稍后仰，利用上臂前送力量，在球上升期击球中下部。

在用正手搓身体右侧球时，身体稍向右转，手臂向前右上方引拍，然后前臂和手腕向前下方用力，在上升期击球中下部，用角度来抵消球的右侧旋力。还可以用侧身攻球、反手攻球或削球接右侧上旋球，但应注意拍面稍向右偏斜，其他动作要领与接左侧上旋球相同。

当对方发来右侧下旋球时，可用搓球或削球回接。接球时，拍面应略向右偏斜，其他动作要领与接左侧下旋球相同。正手位回接右侧下旋球时，可用抽球回接的方法，但最好是用拉抽的方法。接球时，拍面略向右偏斜，并适当加大提拉的力量，这样才能提高准确性。

**2．慢搓**

正手慢搓：如图5-13所示，左脚稍前、身体稍向右转。击球前手臂向右上方引拍。然后前臂带动手腕向左前下方用力搓球，在球的下降后期击球的中下部。直拍选手的反手搓要以食指和中指用力为主，拇指应配合发力。横拍要将拇指和食指的协调发力充分结合起来。

图 5-13　慢搓

反手慢搓：右脚稍前，身体离台约 50 厘米，持拍手臂向左上引拍，击球时前臂和手腕向前下方用力。同时配合内旋转腕动作，拍形后仰，在球下降期后段击球的中下部。击球后前臂顺势前送。横拍搓球，拍形略竖一些，击球后向右下方挥拍。

## （八）削球

### 1．远削

远削动作较大，球速较慢，弧线长，击球点低，以旋转变化为主，也能制造落点变化。一般用于在远台回接旋转强烈的弧圈球，是削球运动员最基本的入门技术。

（1）正手远削。站位离台 1 米以外，左脚稍前，两膝微屈，身体略向右转，重心下降移至右脚。前臂向右后上方引拍（约与肩高），拍形后仰，在来球的下降后期击球的中下部。上臂带动前臂向左前下方挥动，身体重心移至左脚，随势挥拍前送的动作稍大，然后迅速还原。

（2）反手远削。与正手远削基本相同，但是方向相反。

### 2．近削

近削站位较近，动作较小，击球点高，回球速度要快，配合落点变化可调动对方，以伺机反攻或直接得分。主要在对手拉球旋转不强或攻球力量不大的情况下使用。

（1）正手近削。与远削相同处不再赘述。与远削动作不同之处是近削要以向上引拍为主，拍形近似垂直或稍后仰，整个动作以向下为主，略带向前向左，在来球的上升后期或高点期触球的中下部（比远削偏中部），其动作速度比远削要快。

（2）反手近削。与正手近削基本相同，但是方向相反，引拍动作应适当加快。

## 三、乒乓球运动战术

## （一）发球抢攻战术

发球抢攻战术是一种先发制人的战术，以攻为主的选手常以此作为一种重要的得分手段。常用的发球抢攻战术有以下 5 种。

（1）反手发右侧上、下旋球后抢攻。

（2）反手发急上、下旋球后抢攻。

（3）正手或侧身发转球与不转球后抢攻。

（4）正手发右侧上旋球后抢攻。

（5）下蹲式正、反手发左、右侧上、下旋球后抢攻。

## （二）对攻战术

对攻战术是对攻型打法互相对垒时常用的一项重要战术。常用的对攻战术有以下 5 种。

（1）紧压反手，结合变线，伺机抢攻。

（2）调右压左，伺机抢攻。

（3）连续压中路及正手，伺机抢攻。

（4）利用轻重力量变化，伺机抢攻。

（5）近台打（拉）回头和远台对攻。

## （三）拉攻战术

拉攻战术是以拉攻为主打法对付削球类打法的主要战术。其主要战术有以下 5 种。

（1）以拉反手为主，侧身突击斜线后，进行扣杀或加力拉冲。

（2）拉两角，突击（或拉冲）中路或直线后，扣杀或拉冲两角。

（3）拉中路，突击（或拉冲）两角后，扣杀或拉冲空当。

（4）拉正手伺机突击（或拉冲）后，连续扣杀或拉冲。

（5）长拉短吊，伺机突击或拉冲。

## （四）搓攻战术

搓攻战术是进攻型选手的一项辅助战术，而削球类选手则以此作为反攻的一项重要手段。其主要战术有以下 3 种。

（1）以快搓短球为主，伺机进攻。

（2）搓转球与不搓转球至不同落点，伺机进攻。

（3）以稳搓防守为主，伺机进攻。

## （五）削中反攻战术

削中反攻战术是削球类打法赖以得分的主要战术。其主要战术有以下 4 种。

（1）以削加转球至对方左角为主，配合削不转球至对方右角来进行反攻。

（2）连削对方正手，突变反手，迫使对方用搓回接，伺机用反手或正手反攻。

（3）连续削加转球至不同落点，伺机削不转球后进行反攻。

（4）中近台逼角反攻。

## （六）接发球战术

接发球战术是与发球抢攻战术相抗衡的一项战术，其目的在于破坏对方的发球抢攻战术，争取形成相持或主动的局面。其主要战术有以下 4 种。

（1）用拉球、快拨或推拉回接，争取形成对攻的相持局面，这是比较主动的接发球方法。

（2）用快搓短球回接，使对方难以发力抢攻（拉），力争下一板抢先进攻，但切忌连续搓球，以免造成被动。

（3）用削球或搓球的旋转、落点的变化来控制对方，以造成对方击球失误或形成相持局面。这是削球手常用的接发球方法。

（4）接发球抢攻，这是比较积极的回接方法。

### 四、乒乓球运动规则

#### （一）基本定义

（1）击球：用握在手中的球拍或执拍手手腕以下部分触球。

（2）拦击：对方击球后，球尚未触及本方台区，本方运动员即行击球。

（3）阻挡：对方击球后，处于比赛状态的球尚未触及本方台区，也未越过台面或其端线，即触及本方运动员或其穿戴的任何物品。

#### （二）合法发球

（1）发球时，球应放在不执拍的手掌上，手掌张开并伸平，球应是静止的，在发球的端线之后和比赛台面的水平面之上。

（2）发球员需用手把球几乎垂直地向上抛起，不得使球旋转，并使球在离开手掌之后上升不少于 16 厘米。

（3）当球从抛起的最高点降落时，发球员方可击球，使球首先触及本方台区，然后越过球网或绕过球网装置，再触及接发球员的台区。在双打中，球应先后触及发球员和接发球员的右半区。

（4）从抛球前静止的最后一瞬间，到击球时，球和球拍应在比赛台面的水平之上。

（5）运动员发球时，有责任让裁判员或副裁判员看清他是否按照合法发球的规定发球。

（6）无论是第一次或其他任何情况，只要发球员明显没有按照合法发球的规定发球，他将被判失一分，无须警告。

（7）在运动员发球时，没有击中处于比赛状态的球即失一分。

#### （三）判失一分

回合中出现重发球以外的下列情况，应判失一分。

（1）未能合法发球。

（2）未能合法还击。

（3）拦击或阻挡。

（4）连续两次击球。

（5）用不符合规定的拍面击球。

（6）运动员或其穿戴的任何物品移动了比赛台面。

（7）不执拍手触及比赛台面。

（8）运动员或其穿戴的任何物品触及球网装置。

（9）在双打中，除发球和接发球外，运动员未能按正确的次序击球。

（10）实行轮换发球法时，发球方发出球和还击的球，被接发球方连续 13 次合法还击。

#### （四）胜一局、胜一场

胜一局：在一局比赛中，先得 11 分的一方为胜方。10 平后，先多得 2 分的一方为胜方。

胜一场：一场比赛由奇数局组成。所有比赛均采用 7 局 4 胜制。

#### （五）发球、接发球和方位的次序

开赛前，用抽签等公平选择方式决定某一方先发球和双方方位。开赛产生 2 分后换另一方

发球，依次类推，直到一局结束。如果双方的比分都达到 10 分，则开始按每得一分就换发球方一次的方法，直到该局分出胜负为止。

一局中，站在某方位的单打或双打运动员，在下一局应与对方交换方位，在决胜局中，当一方先得到 5 分时，即应与对方交换方位。

### （六）间歇

除了一方运动员提出要求，单项比赛应连续进行。

在单项比赛的局与局之间，有不超过 1 分钟的休息时间，在单项比赛的每局比赛中，每得 6 分后，或决胜局交换方位时，可在短暂的时间内擦汗。一名或一对双打运动员可在一场单项比赛中要求一次暂停，时间不超过 1 分钟。在单项比赛中，暂停应由运动员或指定的场外指导者提出；在团体比赛中，应由运动员或队长提出。

如果一名运动员或一对运动员与其指导者或教练员对是否暂停有不同意见，在单项比赛中决定权属于这名或这对运动员，在团体比赛中决定权属于指导者或教练员。

请求暂停只有在球未处于比赛状态时才能进行，应用双手做出表示。在得到某方合理的暂停请求后，裁判员应暂停比赛并出示白牌，然后将白牌放在要求暂停一方运动员的台区上。当提出暂停的一方运动员准备继续比赛或 1 分钟暂停时间已到时，白牌应拿走并且立即恢复比赛。如果比赛双方运动员或是他们的代表同时提出暂停要求，应在双方运动员准备恢复比赛或暂停时间满一分钟时继续比赛。

如果赛区内有人受伤流血，应立即中断比赛，让其接受医疗救护并且清理血迹。未经裁判长允许，运动员在单项比赛中应留在赛区内或赛区附近，在局间法定休息和暂停间歇时间内，运动员应在裁判员的监督下，留在赛区周围 3 米以内的地方。

## 第二节　羽毛球运动

### 一、羽毛球运动概述

现代羽毛球运动始于英国。1877 年，英国制定了第一套羽毛球比赛规则，其中一些内容在今天的羽毛球竞技中仍在使用。1893 年，英国成立了羽毛球协会。1899 年，该协会举办了第 1 届全英羽毛球锦标赛（以下简称全英赛）。现代羽毛球运动在英国诞生以后，又流传到美洲、亚洲、大洋洲各地，最后传到非洲。随着世界上开展这项运动的国家越来越多，1934 年，英国、法国、加拿大、丹麦、新西兰、荷兰、爱尔兰、苏格兰、威尔士等国家和地区联合成立了世界羽毛球联合会，总部设在伦敦。1939 年，世界羽毛球联合会通过了《羽毛球竞赛规则》。

羽毛球运动大约是在 1910 年传入我国的，最早出现在上海。新中国成立后，1956 年，在天津举行了第 1 次全国羽毛球比赛。在第一届全国运动会上，羽毛球被列入正式比赛项目。第一届全国运动会后，汤仙虎、侯加昌、陈玉娘等一批优秀的青年羽毛球选手相继回国发展，带来了当时国外先进的羽毛球技术和训练方法。我国的羽毛球教练员、运动员刻苦训练，认真钻研，敢于创新，在技术打法上提倡百花齐放，使我国的羽毛球运动在以快为主、以攻为主的方向上迈出了一大步，在竞技能力上出现了划时代的飞跃。欧洲报纸曾评论中国羽毛球队为世界羽坛的"无冕之王"。20世纪90年代后期，中国羽毛球队在采取了一系列相应措施后，在各种比赛中挨打的局面开始有了转机，中国女子羽毛球队夺回尤伯杯（世界女子羽毛球团体锦标赛）。之后，中国羽毛球队在1995年、1997年、1999年3次夺得苏迪曼杯（世界羽毛球混合团体锦标赛）。2004年，中国羽毛球队先后夺取汤姆斯杯和尤伯杯。2005年5月，中国女子羽毛球队第5次夺取苏迪曼杯。中国羽毛球队由此成为第一个在一个赛季里独霸3个冠军杯的球队。2011年世界羽联超级系列赛中国公开赛中，中国队共拿到4项冠军。2012全英赛男单决赛，林丹第5次夺冠，中国队收获3项冠军。在2012年伦敦奥运会上，中国选手一路过关斩将，包揽了羽毛球项目全部5枚金牌。在2014年的羽毛球世界锦标赛上，我国选手囊括了除"男双"外的全部金牌。2015年的苏迪曼杯中，中国羽毛球队在决赛中以3：0横扫劲敌日本队成功卫冕。2019年，中国羽毛球队再获苏迪曼杯。

羽毛球运动器材简单、便宜，场地较小，可以因地制宜。运动负荷容易调整，趣味性强，是一项可以经常从事的体育项目。经常参加羽毛球运动，可以提高人体的灵活性和协调性，提高速度，改善内脏器官的功能，使身体得到全面发展。同时对培养顽强、灵活、沉着、果断等优良品质也有作用。

## 二、羽毛球运动技术

### （一）握拍法

羽毛球基本的握拍法有两种，即正手握拍法和反手握拍法。

#### 1. 正手握拍法

握拍之前，先用左手拿住球拍，使拍面与地面垂直；再张开右手，使手掌下部靠在球拍的握柄底托部位，虎口对着球拍柄。小指、无名指、中指自然并拢，食指与中指稍稍分开，自然弯曲并贴在握柄上（图5-14）。

#### 2. 反手握拍法

在正手握拍的基础上，拇指和食指将拍柄稍向外转，拇指顶点放在握柄内侧的宽面上或内侧棱上，中指、无名指和小指并拢握拍，小指根部靠近柄端，使掌心留有空隙。球拍斜侧向身体左侧，拍面稍向后仰（图5-15）。

图5-14　正手握拍法

图5-15　反手握拍法

### （二）基本步法

#### 1. 上网步法

由中心位置起动，根据来球的远近可采用一步、二步或三步上网击球，但最后一步总是要求右脚在前、重心落在右脚上。

### 2．后退步法

由中心位置后退，根据来球的远近，也采用一步、二步或三步后退击球。跨最后一步时右脚在后，重心在右脚上。反手击球时，左脚退一步后，身体需向左转，右脚再向左跨出一步。

### 3．两侧移动步法

向右侧移动时，若来球较近，用左脚掌内侧蹬地，右脚同时向右侧转跨一大步；若来球较远，左脚可向右垫一小步再起蹬，右脚同时向右侧转跨一大步。向左侧移动时，若来球较近，右脚掌内侧蹬地，左脚同时向左侧跨一大步；若来球较远，左脚可先向左侧移半步，上体向左转身的同时右脚向左跨出一大步。

## （三）发球

发球是羽毛球运动中一项重要的基本技术。发球是组织进攻的开始，高质量的发球会给接发球方造成困难，甚至使对方接发球失误。发球可分为正手发球和反手发球两种。

### 1．正手发球

运动员两脚前后站立，与肩同宽，身体左肩侧对球网，左脚在前，右脚在后，重心在右脚上，眼睛注视对方。右手持拍向右后侧自然举起，肘部放松微屈，左手拇指、食指和中指夹住球，举在胸腹间。发球时，身体重心由右脚移至左脚。

（1）正手发后场高远球。发球时，左手持球，自然弯曲置于胸前，右手持拍向右后上方摆起，身体重心前移，右脚跟提起，身体放松。左手放球使其下落，在右臂向前上方挥动的同时，右脚蹬地，腰腹向正前方转动，使下落的球与拍面在身体右侧前下方的交叉点碰触，球触拍面的中部。击球瞬间，握紧球拍，闪动手腕，向前上方鞭打击球，在击球的同时，手臂随击球后的惯性自然往左肩上方挥起，身体重心也由右脚移至左脚。击球后，重心下沉，微屈双膝，随时准备回击对方的来球（图5-16）。

① ② ③ ④ ⑤ ⑥ ⑦

图 5-16 正手发后场高远球

（2）正手发后场平高球。发球时，站位、准备姿势及引拍的轨迹都与发高远球基本相同，只是在发平高球的瞬间前臂加速带动手腕发力，拍面稍向前上方推进，动作幅度小于发高远球。发球后，应迅速准备回击。

（3）正手发后场平快球。发球时，站位稍靠后些（以防对手迅速回球到本方后场），击球时要充分利用前臂带动手腕的爆发力快速向前方击球，使球从对方肩稍高处越过，迅速插入对方反手后场或空当处。击球后，收拍到胸前，回至中心位置。

（4）正手发网前球。正手发网前球时，站位稍靠前。握拍尽量放松，上臂动作要小，重心在左脚上，右脚跟提起。击球时，由前臂带动手腕使拍面从右向左斜切击球，控制用力，使球刚好贴网而过，落在对方前发球线附近。击球后，还原成准备姿势。

### 2. 反手发球

反手发球时，运动员两脚前后站立，左脚在前，右脚在后，上体稍前倾，重心在前脚。右手反手握拍将球拍摆在左腰侧前，肘部微屈稍抬高，拍框朝下，拍面稍后仰，握拍手自然放松，左手持球于腹前腰下处（图5-17）。

图5-17　反手发球

（1）反手发平球。发球时，球拍的挥动方向与反手发网前球一样，只要在击球的瞬间，手腕抖动，突然发力，拍面要有"反压"动作。

（2）反手发网前球。发球时，小臂带动手腕发力，球拍由后向前推送，拍面呈切削式击球，使球过网后急速下落在对方场区的前发球线附近。

## （四）接发球

（1）站位。单打的接发球站位离前发球线约1.5米，在右发球区发球时要站在靠中线的位置；在左发球区发球时则站在中间稍偏边线位置，主要防备对方发球攻击反手部位。双打接发球时的站位可靠近前发球线，因双打的后发球线距离前发球线比单打短0.76米，发高远球易被扣杀。所以，双打接发球应把主要精力放在对付对方发网前球上。

（2）准备姿势。单打接发球时应左脚在前，右脚在后，侧身对网，重心在前脚，后脚脚跟稍提起，双膝微屈，收腹含胸，持拍于右侧前，两眼注视前方。

（3）接球。在接球时，首先要提高后场击球能力。在比赛中，当对方发平快球时，可采用平高球、平推球、劈吊、劈杀还击，以快制快，掌握主动权；也可用高远球还击，充分做好再次还击的准备；对方发网前球时，可用平高球、高远球、放网前球、平推球还击，有机会还可以用扑球还击。

### 1. 后场击球

（1）高球。

正手击高球：首先要判断好来球的方向和落点，侧身后退，使球处在自己的右肩前上方的位置。左肩对网，左脚在前，右脚在后，重心在右脚上。左臂屈肘，左手自然高举，右手执拍，手臂自然弯曲，将球拍举在右肩上方，两眼注视来球。击球时，右上臂后引，随之肘关节上提至明显高于肩部，将球拍后引至头部，自然伸腕（拳心朝上），然后在后脚蹬地、转体收腹的协调用力下，以肩为轴，上臂带动前臂快速向前上方甩腕，在手臂伸直的最高点击球。击球后，持拍手臂向左下方挥动并收拍至体前，与此同时，左脚后撤，右脚向前迈出，身体重心由后脚移至前脚上（图5-18）。正手击高球时也可起跳，按上述要求做好准备动作，然后右脚起跳，随即在空中转体，并完成引拍击球动作。击球动作是在球将从空中最高点落下的瞬间完成的。

图 5-18　正手击高球

头顶击高球：动作要领与正手击高球基本相同，只是击球点偏左肩上方。准备击球时，身体向左倾斜。击球时，上臂带动前臂使球绕过头顶，从左上方向前加速挥动，发挥手腕的爆发力击球。落地时，左脚向左后方摆动幅度大些（图 5-19）。

图 5-19　头顶击高球

反手击高球：当对方将球击到己方左后场区时，用反手击高球。首先判断好对方来球的方向和落点，迅速将身体转向左后方，移动步法，最后一步用右脚前交叉跨到左侧底线，背对网，身体重心在右脚上，使球处在身体右上方。击球前，迅速换成反手握拍法，持拍于右胸前，拍面朝上。击球时，以上臂带动前臂，通过自下而上地甩腕，将球击出。在最后用力时，要注意拇指的配合，以及两腿蹬地转体时全身的协调用力。

（2）吊球。

正手吊球：击球准备和前期动作同正手击高球。只是击球时拍面稍向内倾斜，手腕做快速切削下压动作，击球托的后部和侧后部。若吊斜线球，则球拍切削球托右侧并向左下方发力；若吊直线球，则拍面正对前方向下切削球托（图 5-20）。

反手吊球：击球准备和前期动作同反手击高球。不同点在于击球时对拍面的掌握和力量的运用。吊直线球时，用球拍反面切削球托的后中部，向对方的右半场网前发力；吊斜线球时，用球拍反面切削球托的左侧，朝对方左半场网前发力。

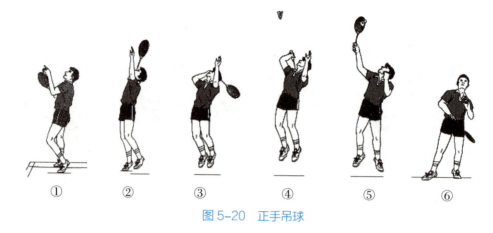

图 5-20 正手吊球

（3）杀球。

正手扣杀球：准备姿势类似于正手击高球，不同的是，最后用力的方向朝下。在右脚起跳后，身体后仰成反弓后收腹用力，靠腰腹带动大臂、大臂带动前臂、前臂带动手腕，形成鞭打向下用力，球拍正面击球托的后部，无切击，使球沿直线向前下方快速飞行。击球后立即恢复成原准备姿势（图 5-21）。

图 5-21 正手扣杀球

反手扣杀球：通过准确判断对方来球，迅速移动到合适的击球位置，最后一步右脚向左后侧跨出，背对球网，反手握拍，持拍手屈臂将球拍举至左肩上方准备击球。当球落到右肩上方适当高度时，以肘关节为轴，用左脚蹬力、腰腹力、肩力及大臂带动小臂，手腕、手指快速用力向后击球。击球瞬间握紧球拍，手腕快速用力向前下方扣压。

### 2. 中场击球

（1）抽平球。

正手抽平球：右脚向右侧迈出一小步，上体稍向右侧倾，正手握拍，手臂向右侧上摆，屈肘，左脚跟提起。准备击球时，小臂稍向后摆带有外旋，手腕由稍外展至后伸，使球拍引至后下方。击球时，小臂急速向右侧前方挥动，并由外旋转为内旋，手腕由后伸直闪腕，手指握紧拍柄高速挥拍击球，由后向右侧稍平地抽压过去。击球后，持拍手顺势向左侧挥摆，左脚向左前方迈一步，准备迎击来球（图 5-22）。

①　　　②　　　③　　　④

图 5-22　正手抽平球

反手抽平球：右脚向左前跨一步，上体左转，右手反手握拍向左身前收，屈肘并稍上抬，小臂内旋手腕外展，将球拍引向左侧。击球时小臂在向前挥拍的同时外旋，手腕由外展到伸直闪腕，手指握紧拍柄，拇指前顶，迎球挥拍，击球托的底部。击球后球拍顺势盖过去，并随身体的回动收回到右侧前。

（2）半蹲快打。

半蹲快打是指在中场区采用半蹲姿势，目的是将肩以上至略高于头部的来球迅速地平击回去。半蹲快打技术主要表现出快速、紧逼对方、主动进攻的特点，多用于双打比赛中。

两脚平行站立或右脚稍前站立于中场，成半蹲姿势，右手持拍上举，击球时通过前臂向前带动手腕抖动产生的爆发式力量击球，拍面稍下压，并要随时跟进，争取在身前较高部位将球平击入对方场区。击球托的后部，击球后，随惯性还原成准备姿势。

（3）挑高球。

正手挑高球：判断来球，快速上网，左脚积极蹬地，右脚跨步向前成弓箭步，侧身对网，重心在右脚。正手握拍，手臂自然向右前方伸出，小臂外旋伸腕。击球时，以肘关节为轴，前臂带动手腕、手指由右下方向前上方或左前上方挥拍击球（挑直线高球时，则球拍向前上方挥动击球；挑对角线高球时，则球拍向左前上方挥动把球击出）。

反手挑高球：判断来球，快速上网，左脚积极蹬地，右脚跨步向前成弓箭步，侧身对网，重心在右脚。反手握拍，手臂向左前方伸出，小臂内旋屈肘、屈腕。击球时，以肘关节为轴，小臂带动手腕、手指由左下方向前上方挥动把球击出。

### 3．前场击球

（1）放网前球。

正手放网前球：侧身对右边网前，右脚向右侧前方大跨一步成弓步。正手握拍，球拍向右前上方斜举，准确判断来球路线和落点。击球时，右臂自然后伸，手腕稍后伸，小臂稍外旋，手腕由后伸至稍内收转动，右手轻松握拍，食指和拇指夹住球拍，在手腕和手指的控制下轻击球托底部，将球轻送过网。击球后，还原成下次击球前的准备姿势。

反手放网前球：准备动作与正手放网前球相同，不同的是，反手放网前球时，先向左前场转体，右肩对网，反手握拍，反拍迎球。击球时，前臂前伸、外旋，手腕内收至外展，轻击球托底部把球轻送过网；击球后，还原成准备姿势。

（2）搓球。

正手搓球：向前移动靠近网前时，右脚向前跨成弓箭步，重心在右脚上，侧身对网，左手

95

自然后伸，起平衡作用。球拍在手臂的带动下向前伸。在伸拍时前臂开始外旋，手腕稍后伸，用食指和拇指夹住拍，中指、无名指和小指轻握球拍，手指和手腕自然放松。击球时，在手指和手腕的作用力下，用正拍面搓击来球的底部，使球滚过网。挥拍力量和拍面的角度大小视来球时离网的远近而定。

反手搓球：当对方回击网前球时，要快捷上网，左脚蹬地，右脚向网前跨弓箭步，侧身背对网，重心在右脚。握拍手臂前伸的同时，手腕前屈，握拍手背部高于拍面，反拍迎球。击球时，主要靠前臂的前伸外旋和手腕由内收至展腕的合力，搓球的侧后底部使球侧旋翻滚过网。

（3）勾对角线球。

正手勾球：移动至右网前，球拍随上臂向右前方斜平举，同时前臂稍向外旋，手腕稍后伸，右手握拍将拍柄稍向外捻动，使拇指指腹贴在拍柄的内侧宽面，食指的第二指节贴在拍柄的外侧宽面上，空出掌心。击球时，前臂稍有内旋，并往左拉收，手腕由微伸至内收抖腕，要控制好拍面角度，击球托的右侧下部，使球沿着网的对角飞行至对方网前角落，击球后还原成准备姿势（图5-23）。

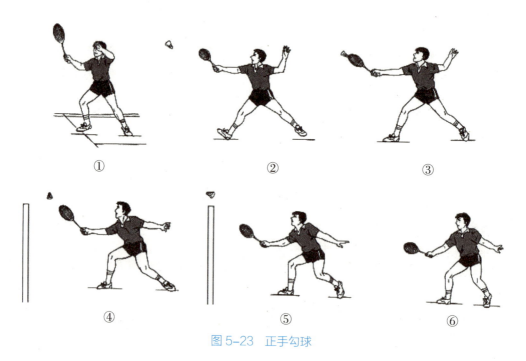

①　　　　　　　　②　　　　　　　　③

④　　　　　　　　⑤　　　　　　　　⑥

图5-23　正手勾球

反手勾球：移动至左网前，反手握拍，上臂前伸，将拍子平举。击球时，拍面正对来球，肘部突然下沉，上臂稍外旋，手腕后伸闪腕，拇指与中指向右转动拍柄，其他手指突然握紧拍柄，拨击球托的左侧下部，使球飞越过网至对角处，击球后，球拍往右侧前回收至准备姿势。

（4）推球。

正手推球：移动到位，球拍向右侧平举。推球前，前臂稍外旋，手腕后伸同时球拍也稍往后摆，拍面对准来球。这时，小指与无名指稍松开，使拍柄离开手掌，这样能充分发挥手指的力量。推球时，拍面尽力后仰，手腕由后伸直并且闪腕，食指向前压下，小指、无名指突然握紧拍柄，球拍快速地由右经前向左摆动。推球后，经回动过程回收球拍于胸前。

反手推球：移动至网前左侧，反手握拍，臂侧上举。推球前，臂向左胸前收引，手腕稍外展，松握球拍，拇指顶住拍柄的内侧宽面，推球时，前臂往前伸的同时外旋，手腕由稍外展到伸直抖腕，中指、无名指、小指突然紧握球拍，拇指顶压，向前挥动将球推出，触球托的后部。

（5）扑球。

正手扑球：左脚先蹬地，随后右脚发力蹬跃，使身体向球网右侧腾空跃起，球拍正对来球。同时前臂前伸稍外旋，腕关节后伸，放松握拍。击球时，前臂带动手腕和手指快速抖动发力。如球离网带上沿较近，可采用手腕从右向左将球压下的滑动式扑球方法，避免球拍触网犯规。击球后，要控制身体重心，球拍随惯性回收至准备姿势（图5-24）。

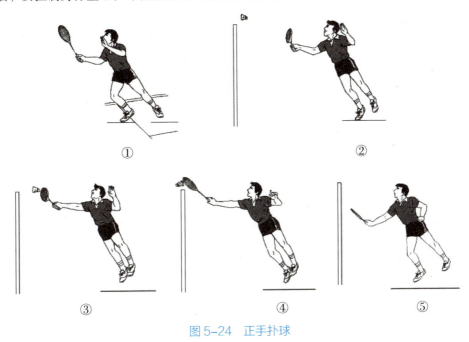

①   ②

③   ④   ⑤

图5-24 正手扑球

反手扑球：右脚跨至左前蹬跳上网，身体稍右侧前倾，反手握拍上举至左前上方。击球时，手臂伸直并外旋，拇指顶压拍柄上端，假如来球靠近网带上沿，可将手腕外展，由左向右拉切击球，以防触网。击球后，右脚着地，屈膝缓冲，回收球拍于体前。

### 三、羽毛球运动战术

#### （一）单打战术

（1）发球战术。根据对手的站位、反击能力，采用多变准确的发球来造成对方接球的困难，从而限制对方的攻势，直接或间接为己方创造进攻的机会。

（2）攻后场战术。针对在后场还击能力差（尤其是左后场区），或急于上网的对手，可重复压后场底线，突击杀、吊或反复后场直线，突出对角线。

（3）吊前击后战术。针对网前技术相对较差或上网步法慢的对手，先以吊、放、搓网前球吸引对方到网前，然后用推、杀或平高球突击对方的后场。

（4）打对角线战术。不论是进攻还是防守，均以打对角线为主，造成对方重心不稳，被动失误。

（5）打四方球技术。以快速、准确的击球点，调动对方远离中心位置，疲于前后左右来回奔跑，伺机攻击对方空当的战术。

### （二）双打战术

（1）攻人战术。集中力量攻击对方弱者，达到"二打一"的效果，避其所长，攻其所短。

（2）攻中路战术。对方分边站位时，将球尽可能地攻到两人之间的空隙区，造成对方抢球或漏球等错误。如对方前后站位，可将球击向前后两人之间的边线空当。

（3）拉开两底角，伺机反击战术。这是一种通过拉、抽、挑对方后场两底角，诱使对方在移动中进攻，伺机反击，从而后发制人的一种打法。

（4）后杀前封战术。一旦取得主动采取进攻的态势，站在后边的队员就要强杀直线，站在前边的队员要立即移动到对方回直线的位置，重点准备封网扑杀。

## 四、羽毛球运动规则

### （一）计分方法

（1）单打计分方法。每场比赛采取三局两胜制。率先得到 21 分的一方赢得当局比赛。如果双方比分打成 20 平，获胜一方需超过对手 2 分才算取胜。如果双方比分打成 29 平，则率先得到第 30 分的一方取胜。

（2）双打计分方法。21 分制比赛开始前，双方通过投掷硬币确定由哪一方来选择是先发球或后发球。任何一方只要将球打"死"在对方的有效位置，或者因为对方出现违例或失误，均可得分。平分后的加分赛：每局双方打到 20 分平后，一方领先 2 分即取得该局的胜利；若双方打成 29 分平，一方领先 1 分，即算该局取胜。

### （二）发球

（1）一旦发球员和接发球员做好准备，任何一方都不得延误发球开始。

（2）发球员和接发球员都应站在斜对角的发球区内，脚不得触及发球区和接发球区的界线。

（3）从发球开始至发球结束前，发球员和接发球员的两脚，都必须有一部分与场地的地面接触，不得移动。

（4）发球员的球拍应首先击中球托。

（5）发球员的球拍击中球的瞬间，整个球应低于发球员的腰部。腰，指的是发球员最低肋骨下缘的水平切线。

（6）发球员的球拍击中球的瞬间，球拍杆应指向下方。

（7）发球开始后，发球员必须连续向前挥拍，直至将球发出。

（8）发出的球向上飞行过网，如果未被拦截，球应落在规定的接发球区内（落在界线上或界线内）。

（9）发球员发球时，应击中球。

### （三）重发球

（1）发生不能预见或意外的情况，应重发球。

（2）除发球外，球挂在网上或停在网顶，应重发球。

（3）发球时，发球员和接发球员同时违例，应重发球。

（4）发球员在接球员未做好准备时发球，应重发球。

（5）比赛进行中，球托与球的其他部分完全分离，应重发球。

（6）司线员未看清球的落点，裁判员也不能做出决定时，应重发球。

（7）重发球时，最后一次发球无效，原发球员重发球。

### （四）死球

（1）球撞网并挂在网上，或停在网顶。

（2）球撞网或网柱后开始在击球者这一方落向地面。

（3）球触及地面。

（4）"违例"或"重发球"。

### （五）羽毛球的违例

（1）发球不合规。

（2）发球员发球时未击中球。

（3）发球时，球过网后挂在网上或停在网顶。

（4）比赛时：

①球落在球场边线外。

②球从网孔或从网下穿过。

③球不过网。

④球碰到屋顶、天花板或四周墙壁。

⑤球碰到运动员的身体或衣服。

⑥球碰到场地外其他人或物体（出于对建筑物结构的考虑，必要时地方羽毛球组织可以制定羽毛球触及建筑物的临时规定，但其国家组织有否决权）。

（5）比赛时，球拍或球的最初接触点不在击球者网这一方（击球者击球后球拍可以随球）。

（6）比赛时：

①运动员球拍、身体或衣服触及网或网的支持物。

②运动员的球拍或身体，以任何程度侵入对方场区。

③妨碍对手，如阻挡对方紧靠球网的合规击球。

（7）比赛时，运动员故意分散对方注意力的任何举动，如喊叫、故作姿态等。

（8）比赛时：

①击球令球夹在或停滞在拍上紧接着又被拖带。

②同一运动员两次挥拍连续击中球两次。

③同一方两名运动员连续各击中球一次。

④球碰球拍继续向后场飞行。

（9）运动员违反比赛连续性的规定。

（10）运动员行为不端。

## 第三节　网球运动

### 一、网球运动概述

网球运动属于隔网对抗性球类项目，它是比赛双方在中间隔着网的场地上用球拍往返击打一个橡胶小球的运动，可以两个人或四个人进行，其目的是把球打过网，使其落地不出界，并要尽量使你的对手不能再把球击回你所在的半场。

网球运动是人们普遍喜爱的一项体育运动，它与高尔夫球、保龄球、桌球并称"世界四大绅士运动"。网球运动有着悠久的历史，其起源与发展可以用4句话来概括：孕育在法国，诞生在英国，发展在美国，盛行在全世界。网球运动起源于法国，14世纪时，法国宫廷开始兴起一种"掌球游戏"，即在两人中间系一条绳，双方隔绳用掌击球，球用布裹头发制成。后来这种游戏传入英国。16世纪以后出现了用羊皮制作的球拍，后又改为弹性的弦线球拍，中间用于分界的绳逐渐发展为绳网，场地也比较正规了。到19世纪，网球运动在欧美兴盛起来。19世纪后期，英、美、法等国商人、传教士和军人将其作为体育娱乐活动传入我国。后来，上海、广州、北京等城市的教会和商会俱乐部出现了打网球活动，该运动后在教会学校中展开。

新中国成立后，网球运动在起点低、基础差、交往少的情况下逐渐发展。各大城市相继出现由一些社会团体和网球爱好者自发组成的网球协会和俱乐部组织。20世纪80年代以来，我国网球运动的水平提高较快。1986年第10届汉城亚洲运动会网球比赛中，我国选手李心意获女子单打冠军。1990年第11届北京亚洲运动会网球比赛中，我国运动员获得男子团体冠军、男子单打冠军和男子双打冠军，分别夺取3块金牌、3块银牌和1块铜牌。2009年中国网球公开赛中，我国运动员又获得了女单八强、女双冠军的好成绩。2011年，在澳大利亚网球公开赛上，李娜第一次打进单打决赛并夺得亚军；同年，李娜在法国网球公开赛中夺得女单冠军，成为中国乃至亚洲第一个在网球四大公开赛上夺得单打冠军的运动员。2011年10月6日，李娜再创历史，成为中国首位获得WTA（国际女子网球协会）年终总决赛资格的球员。2013年，李娜夺得澳大利亚网球公开赛亚军；彭帅与谢淑薇组成的"海峡组合"夺得了温布尔登网球公开赛的女双冠军，并在2013年WTA年终总决赛上夺冠，成为首对在WTA年终总决赛夺冠的亚洲球员。2014年1月，李娜又夺得澳大利亚网球公开赛的冠军。2014年6月，彭帅与谢淑薇夺得法国网球公开赛冠军，这也是两人第二次夺得大满贯头衔。2018年雅加达亚运会网球女双决赛，徐一璠、杨钊煊夺得冠军，这是中国队时隔12年再夺亚运会女双冠军，也是历史上第三次登顶。

### 二、网球运动技术

#### （一）握拍法

网球的握拍方法基本上分为东方式握拍法、大陆式握拍法、西方式握拍法和双手握拍法4种。

##### 1. 东方式握拍法

（1）东方式正手握拍法（图5-25），亦称"握手式"握拍法。其握法是：拍面与地面垂直，手握拍柄好像与人握手一样。准确地说，用握拍手的虎口对正拍柄右上侧棱，手掌根与拍柄右斜面紧贴，拇指垫握住拍柄的左垂直面，食指稍离，中指压住拍柄右垂直面，五指握紧拍柄。这种握法能增大正手击球的力量。

（2）东方式反手握拍法（图 5-26）。从正手握拍法起势，把手向左转动 1/4，即转动 90°（或拍柄向右转动 1/4，即转动 90°），使虎口对正拍柄左侧棱面上，即用手掌根压住拍柄的左上斜面，拇指直贴在拍柄的左垂直面上，食指压住拍柄的右上斜面。

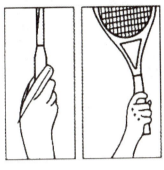
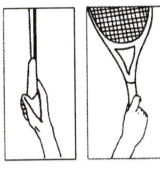

图 5-25　东方式正手握拍法　　　　图 5-26　东方式反手握拍法

### 2．大陆式握拍法

"V"字形虎口对准拍柄上平面与左上斜面的交界线，手掌根部贴住上平面，拇指直伸围住拍柄，食指下关节紧贴在右上斜面上（图 5-27）。

### 3．西方式握拍法

左手持拍，使拍面与地面平行。右手从正上面握拍柄，食指和拇指都不前伸，大把握拍，而且正手、反手击球都使网拍向同一个面（图 5-28）。

### 4．双手握拍法

图 5-29 中，右手采用东方式反手握拍法，握在拍柄的后方；左手采用东方式正手握拍法，握在拍柄的前方。

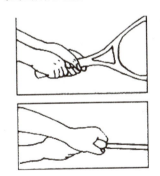

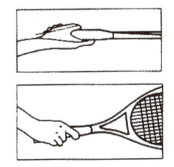

图 5-27　大陆式握拍法　　　图 5-28　西方式握拍法　　　图 5-29　双手握拍法

## （二）击球

### 1．正手击球

从准备姿势开始（右手持拍为例），以右脚为轴，向右转肩转髋，同时左脚前跨一步使两脚与肩同宽。身体左侧对准球网，重心移到右脚上，转体同时带动球拍直接后引，将拍面引到与身体平行的位置。球拍高度齐膝，拍头略高于手腕，左臂微前伸，注意保持身体平衡。挥拍击球时身体重心移至左脚，并以左脚为轴向左转髋转肩，带动右手臂向前迎击球的中部，击球点在左脚侧前方。球离弦后，球拍随惯性挥至左肩上方，并迅速还原到准备回击下一次来球的状态（图 5-30）。

①   ②    ③    ④     ⑤

图 5-30　正手击球

### 2. 反手击球

（1）单手反手击球（图 5-31）。从准备姿势开始，以左脚为轴，向左转肩，同时右脚跨出一步，使两脚与肩同宽，身体右侧对球网，将重心移至左脚上。转肩同时左手转动拍颈使右手成东方式反手握拍，并带动球拍后引与身体平行，击球肘贴近身体，左手轻持拍颈，拍头略低于来球。击球时身体重心移至右脚，左手放开拍颈，以右脚为轴向右转髋转肩，带动右手臂由下向前上挥拍，击球的中部偏下，击球点在右脚侧前方。击球后球拍随惯性继续挥至右肩上方，并迅速还原成准备姿势，随时回击下一次来球。

①    ②    ③    ④    ⑤    ⑥

图 5-31　单手反手击球

（2）双手反手击球（图 5-32）。当判断准来球是飞向反手方向时，移动到位的最后一步应保持右脚在前，身体右侧朝向来球方向。双手握球拍向左后方摆动，右臂伸展较大，左臂弯曲。在迎球的过程中，挥臂与转体动作配合，使球拍由低向高挥动，击球点在右脚侧前方，拍面垂直触球的中部。击球后双手随势挥至右侧头部高度，身体重心移向右脚。动作完成后，迅速恢复成准备姿势。

① ② ③ ④ ⑤ ⑥

图 5-32 双手反手击球

### （三）发球

发球是现代网球运动最重要的技术之一，是网球运动竞赛中唯一由自己掌握、主宰的进攻技术。另外，发球也是体现网球队员技术水平的重要内容。发球技术是由发球姿势、抛球及抛球位置、击球、跟进动作组成（图 5-33）。

① ② ③ ④ ⑤ ⑥ ⑦ ⑧

图 5-33 发球

#### 1. 上旋发球

上旋发球是以上旋为主、侧旋为辅的发球法。发上旋球时把球抛到头后偏左的位置，击球时身体尽量后仰成弓形，利用杠杆的力量形成旋转球，球拍快速从左向右上方挥动，从下向上擦击球的背面，并向右带出，使球产生右侧上旋。

#### 2. 切削发球

切削发球是一种以左侧旋转（略带下旋）为主的发球法，是由球的右上往左下切削发球。该发球方法不但球速快、威胁大，而且容易提高发球的命中率。发球时把球抛到右侧斜上方，从右侧方至左下方快速挥动球拍，击球部位在球的中部偏右侧，使球产生右侧旋转。

#### 3. 发平击球

发平击球时侧对球网站立，前脚与端线约成 45°，指向右侧网柱，身体重心放在左脚上，左手托住球拍的拍颈，手臂放松，稍微弯曲并保持在胸部的高度。双臂同时稍下放，在其最低点抛球手臂与击球手臂分开，但以不同的速度向上摆动；在眼睛的高度将球抛出，击球臂向后、向下、向上引拍，身体重心移至右腿上；在手臂伸展到最高点时，身体重心又移到左腿上，同时，通过髋关节前移，降低身体重心；左腿支撑身体向前、向上运动。击球时，击球臂的肩膀转向前面，前臂旋内，充分向前、向上伸展击球臂，在最高点击球，击球瞬间，拍面几乎与地面垂直。击球后右前臂继续向外转动，球拍随势挥至身体的左侧，左臂在体前的位置做相反运动。击球后随球上网或站在端线附近准备击球。

### （四）接发球

#### 1. 握拍

接发球时，握拍要松弛，引拍和前挥时也要保持松弛，但从球拍接触球的一刹那，要紧紧握住球拍，特别是拇指、无名指和食指要用力抓拍。通过固定手腕保证拍面稳定，即使不能有力还击对手凶猛的来球，也可用牢固的拍面顶住来球，或者以合适的角度控制还击方向。

#### 2. 站位与准备

一般情况下站于单打边线附近、底线后半米至一米的地方就可以了，如果偏离单打边线太远，会给自己带来防守上的空虚，同时也不能站得离底线太远或站到场地里面去。针对一发和二发，站位应该有所不同，对方第一次发球时多采用大力发球，因此站位应偏后一些；如果是第二次发球，可略向前移，这利于采取攻击性的还击。

#### 3. 引拍

击球时的动作与正常抽击球等的击球动作基本相同，只是没有明显的后引，特别是对于快速来球，回球多数采用阻挡式动作，与截击球技术差不多，引拍动作不要过大，主要是控制好拍面角度并握紧球拍以免拍面受震转动。判断来球，迅速移动，向预测击球点起动时，双肩与身体重心同时移动，并向击球方向踏出异侧步，转肩时要使肘部离开身体，持拍臂腋下大约能有一个球的空隙。

#### 4. 击球

向前挥击时，尽量使拍子由高处向下再向上运行，但上下幅度要小。击球点在体前稍侧略高于胸部位置。

#### 5. 随挥

击球后很少有随挥动作，竖起拍头，将去势停止在较高处。身体重心停在前脚掌上，后脚可以略抬起，一般不要离开地面。

#### 6. 还原

接球后迅速复位，以准备姿势再次迎接对方击过来的球。

### （五）截击球

#### 1. 正手截击球

截击时站在网前2～3米的位置，准备姿势与一般击球姿势基本相同，但球拍要举得高一些，约与眼部同高。截击时，后摆动作要小，击球点保持在身体前方，拍触球的瞬间手腕固定，用力握紧球拍，略微向前推击。截击较近的球时，左脚跨出一小步；截击较远的球时，左脚要跨出一大步（图5-34）。

图 5-34　正手截击球

## 2．反手截击球

准备姿势同正手截击球姿势。击球点要比正手截击球靠前一些。因此要及早跨出右脚，重心也要置于右脚。击球时手腕固定，用力紧握球拍，拍面稍前倾，触球中上部。击球后右臂伸，向前下方压送（图 5-35）。

图 5-35　反手截击球

### （六）高压球

高压球与截击球一样，属于上网击球技术，是用来对付对方挑高球的情况。其动作类似于发球，在头部上空用扣杀动作还击来球。高压球堪称击球中的一门"重炮"，是迅速得分的锐利武器。采用高压球，合适的步法是前提，击球时不要迟疑。

### （七）挑高球和放短球

挑高球和放短球的目的是使还击的球越过对手头顶落入对方场区。挑高球可以有效地迫使上网的对手后退。

放短球的一方一般是在网前突然回击近网短球，使活动在底线的对手来不及还击。放短球时，要求多用手腕动作，且带有回击。

## 三、网球运动战术

### （一）单打战术

#### 1. 发球战术

发球不受对方支配，可通过力量、速度和准确性达到得分的目的；针对对方的弱点，攻其薄弱环节；利用不同的发球方式，随时上网截击；运用相似手法，发不同性能的球，使对方不易捉摸；利用外界自然条件（如风向、阳光、硬地和草地等）发球，给对方接发球制造困难。

（1）发球站位。发第一区时，尽量接近中点线，发直线球逼住对方反拍；发第二区时，站位可距中点线稍远，便于以更大斜线发对方反拍区，扩大自己正拍防守区域。

（2）第一次发球。多用大力平击发球使对方难以抵挡，造成对方接发球失误，或用切削发球、上旋发球打落点，将球发至对方防守较差的区域。

（3）第二次发球。重点准确，力求凶狠，打落点。多用切削发球或上旋发球。

（4）上网的发球。大力平击发球和上旋发球后上网。但大力平击发球后，对方回球快，而且身体不易掌握平衡，常来不及上网，故利用上旋发球上网的居多。

#### 2. 接发球战术

接发球的一方一般处于被动地位，但处理得好可减少被动性，甚至化被动为主动。

（1）接发球站位。站在对方可能把球发到的角度的分角线上。当对方发向外或向内旋转的球时，要靠近旋转方向一点。此外，应尽量站在底线内半米左右处，以压制对方上网，便于自己上网。

（2）接发球击球方法。一般采用平击抽球的方式将球回击到对方底线两角；也可运用旋转球拉开对方，使之左右奔跑；或运用切削球打到近网两角，抑或是运用挑高球挑过发球上网者头顶等。

#### 3. 上网战术

发球或接发球后，冲到离网较近的位置，不等对方回击的球落地便进行空中截击或高压击球。

（1）上网时机。多用于第一次发球。发上旋球后，借球在空中飞行时间长、对方难于回击的特点上网截击。若抽击球后上网，则出球要斜、要深、要重，或接近中央地带。

（2）上网站位。尽可能站到大约距离网2米处。近网进攻威胁性大，封网角度小，防守控制面积大。此外，站位应在对方可能的击球角度的分角线上。

### 4．底线结合上网战术

（1）底线正、反拍必须具有进攻性和较大威胁。

（2）用凶狠的抽击球（如上旋球）调动对方，以创造上网时机。

（3）具有较好的预测、判断能力，击球果断、有力，随球上网。

（4）斜、深、重的底线抽击球可使对方陷于被动，便于己方上步做扑杀。

（5）既考虑积极上网，又要提防对方的破网打法。

（6）上网击球主要采用截击球和高压球，此时还要熟练掌握反弹球，以落点为主，应付被动情况，争取第二次截击。

### 5．底线战术

以进攻性打法为前提，用力快速、准确，使看起来是防守性的打法具有攻击性。常用的有逼右攻左、逼左攻右，攻击对方弱点或打对方不喜欢应对的球。

## （二）双打战术

双打比赛时，一般正拍好的站右边，反拍好的站左边；理想的是一个右手握拍，一个左手握拍。双打有其特定的战术，不能套用单打战术。

### 1．发球战术

（1）发球站位。发球者站在底线后面的中线与边线之间的一半处，比单打站位稍靠边线。因为另一边有同伴防守，也因为这种站位可使发出的斜线球角度更大。

（2）第一发球。大力、凶狠、准确，掌握上网主动权。常用大力上旋球发对方反拍区，压制对方的进攻力量和回击角度，也可用大力平击发球，迫使对方回击高球，以便上网扣杀。

（3）同伴站位。同伴站在离网2～3米，离边线3米左右处，把守半边场区，伺机截击或高压击球。

### 2．接发球战术

（1）接发球站位。站在对方可能把球发到的角度的分角线上。

（2）回击方法。平击、切削、旋转三种方法交替运用，使对方捉摸不定。球过网要低、角度要斜、落点要深。压制对方上网，利用时机自己上网。

（3）同伴站位。同伴站在发球线附近，比发球者站得稍后一些。随时注意场上变化，攻则进，守则退。

### 3．网前比赛战术

当4人均上网时，短兵相接，要求运动员反应灵敏，动作迅速，有较高的技术水平。

（1）站位。上网位置在离网2～3米处，两人各站各自半场中间稍靠中线位置。这样站位，便于进退和防守。

（2）同伴之间配合原则。来球在两人之间，由正拍击球者回击；球在两人之间，又是斜线球时，由距离近的运动员迎击；挑高球在两人之间，由正拍击球者进行高压；对方接发球回击过来的是中场球时，由上网运动员争取截击，发球运动员随时准备补漏；情况复杂时，通过呼叫互相照应；上网运动员左右移动时，底线同伴要移动补位。

（3）分析彼此情况，制定战术，以己之长，攻彼之短。比赛中，还要灵活、机动地变化战术，出奇制胜。

### 4. 底线比赛战术

双打，应争取机会上网，一旦被压在底线，只能考虑防守，伺机反攻，或诱使对方失误。可用挑高球，回击短而低的球，或打快速穿过对方中央场区的平直线球，或运用侧旋直线球打对方两侧。

## 四、网球运动规则

### （一）发球规则

#### 1. 发球前的规定

发球员在发球前应先站在端线后、中点和边线的假定延长线之间的区域里，用手将球向空中任何方向抛起，在球接触地面以前，用球拍击球（仅能用一只手的运动员，可用球拍将球抛起）。球拍与球接触，即算完成球的发送。

#### 2. 发球时的规定

发球员在整个发球动作中，不得通过行走或跑动改变原站位置，两脚只准站在规定位置，不得触及其他区域。

#### 3. 发球员的位置及合规发球

（1）每局开始，先从右区端线后发球，得或失一分后，应换到左区发球。

（2）发出的球应从网上越过，落到对角的对方发球区前的方格内，或其周围的线上。

#### 4. 发球失误

未击中球；发出的球，在落地前触及固定物（球网、中心带和网边白布除外）；违反发球站位规定。发球员第一次发球失误后，应在原发位置上进行第二次发球。

#### 5. 发球无效

发球触网后，仍然落到发球区内；对方接球员未做好接球准备。

#### 6. 交换发球

第一局比赛终了，接球员成为发球员，发球员成为接球员。以后的每局终了，均依次互相交换，直至比赛结束。

### （二）比赛通则

#### 1. 交换场地

（1）双方应在每盘的第 1、3、5 等单数局结束后或每局结束双方局数之和为单数时，交换场地。

（2）在抢 7 分比赛中，双方分数相加，每 6 分更换一次场地。

## 2．失分

发生下列任何一种情况，均判失分。

（1）在球第二次着地前，未能还击过网。

（2）还击的球触及对方场区界线以外的地面、固定物或其他物件。

（3）还击空中球失败。

（4）故意用球拍触球超过一次。

（5）运动员的身体、球拍，在发球期间触及球网。

（6）过网击球。

（7）抛拍击球。

（8）发球双失误。

（9）击球时人的身体触网。

## 3．压线球

落在线上的球都算界内球。

## 4．休息时间

（1）分与分之间，捡到球后直至发出，最大间隔 25 秒。

（2）单数局结束交换场地时可休息 90 秒。

（3）每盘结束可休息 120 秒。

（4）每盘的第一局结束后，交换场地时不能休息。

（5）在抢 7 分比赛中，双方分数相加为 6 分时，更换场地时不能休息。

### （三）双打规则

#### 1．双打发球次序

每盘第 1 局开始时，由发球方决定由己方何人首先发球，对方则同样地在第 2 局开始时，决定由队内何人首先发球。第 3 局由第 1 局发球方的另一队员发球。第 4 局由第 2 局发球方的另一队员发球。以后各局均按此次序发球。

#### 2．双打接球次序

先接球的一方，应在第 1 局开始时，决定由己方何人先接发球，并在这盘单数局继续先接发球。对方同样应在第 2 局开始时，决定由队内何人接发球，并在这盘双数局继续先接发球。他们的同伴应在每局中轮流接发球。

#### 3．双打还击

接发球后，双方应轮流由队内任何一名队员还击。如运动员在其同队队员击球后，再以球拍触球，则判对方得分。

### （四）计分方法

#### 1．胜 1 分

遇到下列情况时，判对方胜 1 分。

（1）发球员连续 2 次发球失误。

（2）接球员在发来的球没有着地前用球拍击球。

（3）在球第 2 次落地前未能还击过网。

（4）还击球触及对方场区界线以外的地面、固定物或其他物件。

（5）还击空中球失败。

（6）在比赛中，击球员故意用球拍拖带或接住球，或故意用球拍触球超过一次。

（7）"活球"期间，运动员的身体、球拍（不论是否握在手中）或其穿戴的其他物件触及球网、网柱、单打支柱、绳或钢丝绳、中心带、网边白布或对方场区以内的场地地面。

（8）还击尚未过网的空中球（过网击球）。

（9）除握在手中（不论单手或双手）的球拍外，运动员的身体或穿戴的物体触球。

（10）抛拍击球时。

（11）比赛进行中，运动员故意改变其球拍的形状。

（12）对方发球或回球时出界。（注意：出界的判法为球的第一个落点是否过第二条白线。）

### 2．胜 1 局

出现下列情况之一时，为胜一局。

（1）每胜 1 球得 1 分，先胜 4 分者胜一局。

（2）双方各得 3 分时为平分。平分后，净胜两分为胜一局。

### 3．胜 1 盘

出现下列情况之一时，为胜一盘。

（1）一方先胜 6 局为胜一盘。

（2）双方各胜 5 局时，一方净胜两局为胜一盘。

### 4．决胜局计分制

在每盘的局数为 6 平时，有以下两种计分制。

（1）长盘制：一方净胜两局为胜一盘。

（2）短盘制（抢七）：决胜盘除外，除非赛前另有规定，一般应按以下办法执行。

①先得 7 分者胜该局及该盘（若分数为 6 平，一方须净胜 2 分）。

②发球员发第 1 分球，对方发第 2、第 3 分球。然后，轮流发 2 分球，直到比赛结束。

③第 1 分球在右区发；第 2 分球在左区发；第 3 分球在右区发。

④每 6 分球和决胜局结束都要交换场地。

### 5．赛制

实行淘汰赛。一场比赛中，除大满贯赛事采用五盘三胜制以外，男子单打比赛均使用三盘两胜制。女子比赛则全部采用三盘两胜制。

## 📝 课后训练

1. 乒乓球的基本技术有哪些？乒乓球比赛中常用的战术有哪些？

2. 羽毛球的握法有几种？基本战术有哪些？

3. 请简述网球的基本技术和基本战术。

第六章

# 健身操舞

## 第一节　健美操运动

### 一、健美操运动概述

　　健美操的起源可追溯到 2 000 多年前。古人对健身健美的追求，以及提倡体操与音乐相结合是现代健美操形成与发展的基础。现代健美操运动最早于 20 世纪 60 年代初开始萌芽。最初是美国太空总署专门为航天员设计了一套体能训练操，并逐渐加上了音乐伴奏和服装。1969年，杰姬·索伦森综合了体操和现代舞，编排了带有娱乐性风格、简单易学的健美操。20 世纪 70 年代末，健美操作为一项独立的体育运动项目逐渐兴起，如"简·方达健美术"的出现。1983 年，美国举行了首届健美操比赛。1984 年，首届远东区健美操大赛在日本举行。两次大赛的成功举办，使健美操运动在世界各地全面兴起。每年国际上举办的健美操赛事有：健美操世界锦标赛、健美操世界杯赛、健美操世界冠军赛、健美操世界巡回赛。随着人们生活水平的不断提高，健美操所特有的保健、医疗、健身、健美、娱乐等综合价值得到越来越多人的重视，吸引了不同年龄的爱好者参与。

　　健美操充分体现了"健康美"的观念，练习形式多样，运动量可大可小，容易控制，对场地器材的要求也不高，因此对各个年龄段、不同性别、不同身体素质、不同技术水平的人都适宜，各种人群都能从健美操练习中找到适合自己的方式，都能从健美操练习中得到乐趣。经常进行健美操锻炼，可以提高关节的灵活性，使肌肉的力量增强，使韧带、肌腱等结缔组织富有弹性；可以提高人对动作的记忆和再现能力，提高神经系统的灵活性和均衡性，从而发展人的协调能力；可以提高呼吸深度，增加每次呼吸时的气体交换量，提高呼吸系统的机能水平。

## 二、健美操运动技能

### （一）健美操的基本动作技术

#### 1．健美操的手型

（1）并掌。五指并拢伸直，指关节不能屈曲。

（2）开。五指用力分开伸直。

（3）花掌。分掌的基础上，从小指依次内旋，形成一个扇面。

（4）立掌。手掌用力上屈，五指关节自然弯曲。

（5）一指。拇指与中指、无名指、小指相叠，食指伸直。

（6）剑指。拇指与无名指、小指相叠，中指与食指并拢伸直。

（7）响指。无名指、小指屈，拇指与中指用力摩擦。

（8）拳。四长指握拳，拇指第一关节扣在食指与中指的第二关节处。

（9）舞蹈手型。引用拉丁、西班牙、芭蕾等手型。

#### 2．头、颈部动作

（1）屈（图6-1）。

动作描述：头部向前、后、左、右四个方向分别做弯曲颈部关节的运动。

注意要点：身体正直，做动作时应缓慢，充分伸展颈部肌肉。

动作变化：前屈、后屈、左屈、右屈。

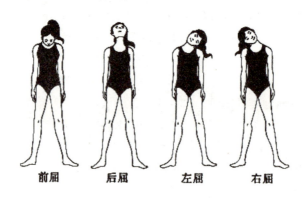

前屈　　后屈　　左屈　　右屈

图6-1 头、颈部动作 —— 屈

（2）转（图6-2）。

动作描述：头保持正直，然后头、颈部沿身体垂直轴向左、右转动90°。

注意要点：下颌平稳地左右转动。

动作变化：左转、右转。

（3）环绕（图6-3）。

动作描述：头保持正直，然后头、颈部沿身体垂直轴向左或右转动360°。

注意要点：转动时头部要匀速缓慢，不要过快。动作要到位，向后转时头要后仰。

动作变化：左或右环绕，两动作一致，方向相反。

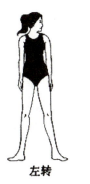

左转 　　　　右转

图 6-2 头、颈部动作 —— 转

左环绕

图 6-3 头、颈部动作 —— 左或右环绕

### 3．肩部动作

（1）提肩（图 6-4）。

动作描述：脚开立，身体保持正直，然后肩部沿身体的垂直轴向上提起。

注意要点：尽可能向上提起，提肩时，身体不能摆动。

动作变化：单提肩、双提肩。

（2）沉肩（图 6-5）。

动作描述：脚开立，身体保持正直，然后肩部沿身体垂直轴向下沉落。

注意要点：尽可能向下沉落，沉肩时，身体不能摆动，头尽量往上伸展。

动作变化：双肩下沉。

（3）绕肩（图 6-6）。

动作描述：脚开立，身体保持正直，然后肩部沿身体前、后、上、下四个方向进行绕动。

注意要点：绕肩时，身体不要摆动，动作尽量地大，要舒展开。

动作变化：单肩环绕、双肩环绕。

单提肩 　　　　双提肩

图 6-4 肩部动作 —— 提肩

图 6-5 肩部动作 —— 沉肩

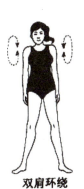

单肩环绕 　　　　双肩环绕

图 6-6 肩部动作 —— 绕肩

### 4．上肢动作

（1）举（图6-7）。

动作描述：以肩关节为中心，手臂进行活动。

注意要点：动作到位，有力度。

动作变化：前举、后举、侧举、侧上举、侧下举、上举。

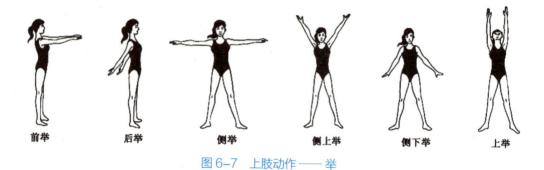

前举　　　　后举　　　　侧举　　　　侧上举　　　　侧下举　　　　上举

图6-7　上肢动作——举

（2）屈（图6-8）。

动作描述：肘关节由弯曲到伸直或由伸直到弯曲。

注意要点：关节做有弹性的屈伸。

动作变化：胸前平屈、肩侧屈、肩侧上屈、肩侧下屈、胸前上屈、头后屈。

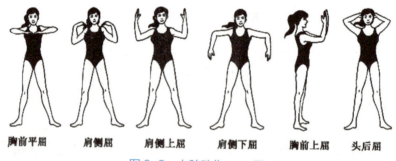

胸前平屈　　肩侧屈　　肩侧上屈　　肩侧下屈　　胸前上屈　　头后屈

图6-8　上肢动作——屈

（3）绕、绕环（图6-9）。

动作描述：两臂或单臂以肩为轴做弧线运动。

注意要点：路线清晰，起始和结束动作位置明确。

动作变化：两臂或单臂向内、外、前、后绕或绕环。

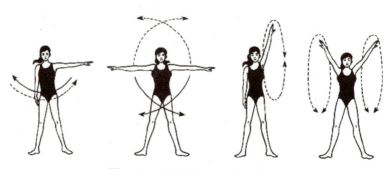

图6-9　上肢动作——绕、绕环

### 5．躯干动作

（1）胸部动作。

①移胸。

动作描述：髋部位置固定，腰腹随胸部左右移动。

注意要点：移胸时，腰腹带动胸部移动；动作要尽量大。

动作变化：左右移胸。

②含胸、挺胸（图6-10）。

动作描述：含胸时，低头收腹，收肩，形成背弓，呼气；挺胸时，抬头挺胸，展肩，吸气。

注意要点：含胸时身体放松，但不松懈；挺胸时，身体紧张但不僵硬。

动作变化：手臂胸前平屈含胸，手臂侧平举展胸。

（2）腰部动作。

①屈（图6-11）。

动作描述：腰部向前或向侧做拉伸运动。

注意要点：充分伸展，运动速度不宜过快。

动作变化：前屈、后屈、左侧屈、右侧屈。

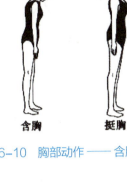

含胸　　　挺胸

图6-10　胸部动作——含胸、挺胸

前屈　　　后屈　　　左侧屈　　　右侧屈

图6-11　腰部动作——屈

②转（图6-12）。

动作描述：腰部带动身体沿垂直轴左、右转动。

注意要点：身体保持紧张，腰部灵活转动。

动作变化：迈步移动重心与转腰运动结合。

③绕和环绕（图6-13）。

动作描述：腰部做弧线运动或圆周运动。

注意要点：路线清晰、动作幅度圆滑。

动作变化：与手臂动作相结合进行腰部绕和环绕。

左转　　　　　右转

图 6-12　腰部动作——转

图 6-13　腰部动作——绕和环绕

（3）髋部动作。

①顶髋（图 6-14）。

动作描述：两腿开立，一腿支撑并伸直，另一腿屈膝内扣，上体保持正直，用力将髋顶出。

注意要点：动作用力且有节奏感。

动作变化：双手叉腰顶髋，左顶、右顶、后顶、前顶。

②提髋（图 6-15）。

动作描述：髋向上提。

注意要点：髋与腿部协调向上。

动作变化：左提、右提。

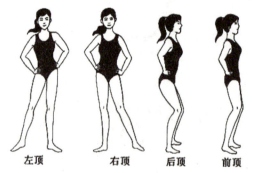

左顶　　　　右顶　　　后顶　　　前顶

图 6-14　髋部动作——顶髋

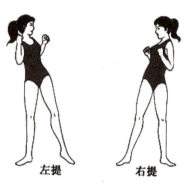

左提　　　　右提

图 6-15　髋部动作——提髋

③绕和环绕（图 6-16）。

动作描述：髋做弧线或圆周运动。

注意要点：运动轨迹要圆滑。

动作变化：向左、右方向进行绕和环绕动作。

6．下肢动作

（1）立。

①直立、开立（图 6-17）。

动作描述：身体直立，再打开双腿，做开立动作。

注意要点：直立时要抬头挺胸；开立时，脚的间

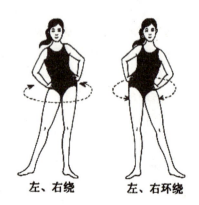

左、右绕　　　　左、右环绕

图 6-16　髋部动作——绕和环绕

距约与肩相等。

②点立（图6-18）。

动作描述：先直立，再伸出一条腿做点立或提起双腿做提踵立。

注意要点：动作要舒展。

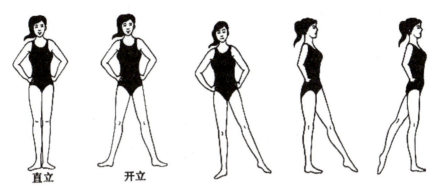

直立　　开立

图6-17　下肢动作——直立、开立　　　图6-18　下肢动作——点立

（2）弓步（图6-19）。

动作描述：直立后，大步迈出一腿，做屈动作。

注意要点：步子不能迈得太小，当然也不能太大。

动作变化：前弓步、侧弓步、后弓步。

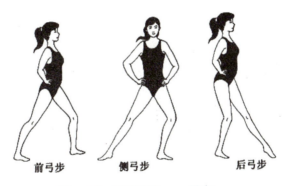

前弓步　　侧弓步　　后弓步

图6-19　下肢动作——弓步

（3）踢（图6-20）。

动作描述：双腿交换做踢腿动作。

注意要点：动作干净利落。

动作变化：前踢、侧踢、后踢。

（4）弹（图6-21）。

动作描述：双腿做弹动动作。

注意要点：双腿弹动要有弹性。

动作变化：正弹腿、侧弹腿。

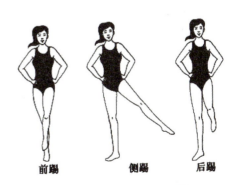

前踢　　侧踢　　后踢

图6-20　下肢动作——踢

正弹腿　　　　　　　　　　侧弹腿

图6-21　下肢动作——弹

（5）跳（图6-22）。

动作描述：做各种姿势进行腿部练习。

注意要点：跳的时候要有力度和弹性。

动作变化：并腿跳、开并腿跳、踢腿跳。

并腿跳　　　　　　开并腿跳　　　　　　踢腿跳

图6-22　下肢动作——跳

## （二）健美操的组合动作技术

### 1. 髋部动作组合

髋部动作组合是由健美操的基本动作中的髋部动作与健美操手臂的特色动作组合而成，主要是躯干和上肢运动，它包括左右顶髋、臂屈伸及挥摆等。

动作特点：短小（共3×8拍），便于记忆，学习后可有充分时间反复练习。可通过变换方向来重复练习。

音乐选择：旋律清晰、节奏感强的迪斯科音乐，速度为24拍/10秒。

动作要领：原地顶髋是健美操髋部动作中最基本的一种。开立后，左（右）腿屈膝内扣，同时向右（左）顶髋，上体保持正直。

动作要求：髋部动作幅度大，节奏感强；上肢动作到位，有力度，与髋部动作配合协调。

预备姿势：开立，两手叉腰。

髋部动作第1个8拍：

1～4拍保持预备姿势。

5拍左腿屈膝内扣，同时向右顶髋。

6拍右腿屈膝内扣，同时向左顶髋。

7、8拍和5、6拍相同（图6-23）。

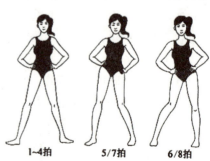

1～4拍　　　5/7拍　　　6/8拍

图6-23　髋部动作第1个8拍

髋部动作第2个8拍：

1拍左腿屈膝内扣，同时向右顶髋，两臂胸前平屈。

2拍右腿屈膝内扣，同时向左顶髋，两臂下伸。

3拍同1拍、4拍同2拍（图6-24）。

5拍腿和髋同1拍，同时两臂经侧至头上交叉1次后成上举，抬头。

6拍腿和髋同2拍，同时两臂头上交叉1次后成上举。

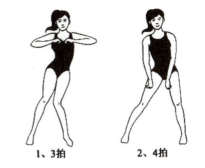

图6-24 髋部动作第2个8拍中1～4拍

7拍腿和髋同1拍，同时两臂肩侧屈，头向右转。

8拍腿和髋同2拍，同时两臂还原至体侧，头还原（图6-25）。

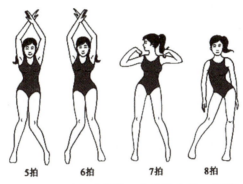

图6-25 髋部动作第2个8拍中5～8拍

髋部动作第3个8拍：

1拍腿和髋同第2个8拍的1拍，同时左臂胸前屈。

2拍腿和髋同第2个8拍的2拍，同时右臂胸前屈。

3拍腿和髋同1拍，同时左臂前伸。

4拍腿和髋同2拍，同时右臂前伸（图6-26）。

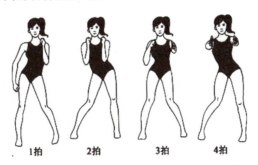

图6-26 髋部动作第3个8拍中1～4拍

5拍自左脚起踏步走2步，同时两手胸前击掌2次。

6拍自左脚起踏步走2步，同时两手胸前击掌2次。

7拍双脚起跳成开立，同时两手叉腰。

8拍不动（图6-27）。

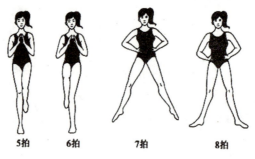

5拍　　　6拍　　　7拍　　　8拍

图6-27　第3个8拍中5～8拍

## 2．跳步动作组合

丰富多彩、富有弹性的跳跃动作是健美操的特色之一。这套跳跃动作组合共6个8拍，是由健美操几种主要的跳步与规范有力的上肢动作组合而成的。

这套组合在快速跑跳中不断变化上肢动作和身体方向。除有益于发展下肢力量外，其还有助于提高动作的协调性。

音乐选择：节奏感强的音乐，速度为26拍/10秒。

动作要求：跳跃轻快，富有弹性；上肢动作到位，有力度；整套动作连贯，节奏准确，富有表现力。

预备姿势：开立，两手叉腰。

跳步动作第1个8拍：

1、2拍不动。

3、4拍两脚弹动2次（图6-28）。

5、6拍跳成并立，同时两脚弹动2次。

7拍两脚分开。

8拍跳成并立，同时两臂落至体侧（图6-29）。

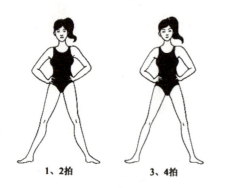

1、2拍　　　3、4拍

图6-28　跳步动作第1个8拍中1～4拍

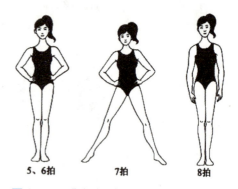

5、6拍　　　7拍　　　8拍

图6-29　跳步动作第1个8拍中5～8拍

跳步动作第2个8拍：

1拍右腿后踢跑，同时两臂胸前屈。

2拍左腿后踢跑，同时两手胸前击掌。

3拍右腿后踢跑，同时两臂肩侧上屈。

4拍并腿，手部动作同2拍（图6-30）。

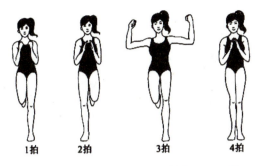

图 6-30　跳步动作第 2 个 8 拍中 1～4 拍

5 拍双脚向右蹬跳成右侧弓步，同时左臂侧举，右臂胸前平屈，头稍左转。

6 拍还原成并立，同时两手胸前击掌。

7 拍同 5 拍，方向相反，8 拍同 6 拍，但 8 拍两臂还原至体侧（图 6-31）。

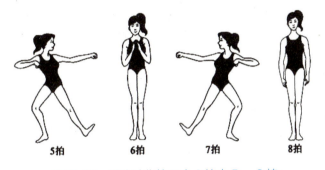

图 6-31　跳步动作第 2 个 8 拍中 5～8 拍

跳步动作第 3 个 8 拍：

1 拍左脚向侧一步，同时左臂上举，右臂前举目视前方。

2 拍提右膝同时向右转体 90°，右臂胸前上屈，左臂胸前平屈。

3 拍右腿后伸成左前弓步，同时左臂侧举，右臂肩侧上屈，头向左转。

4 拍右腿还原跳成并立，同时两臂还原至体侧，头还原（图 6-32）。

图 6-32　跳步动作第 3 个 8 拍中 1～4 拍

5 拍左腿提膝跳，同时两臂胸前平屈。

6 拍还原成并立，同时两臂还原至体侧。

7拍右腿高踢跳。

8拍右腿落下成并立（图6-33）。

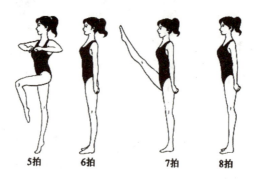

5拍　6拍　7拍　8拍

图6-33　跳步动作第3个8拍中5～8拍

跳步动作第4个8拍：

1拍右脚向侧一步，同时右臂上举，左臂前伸，目视前方。

2拍提左膝同时向左转体90°，左臂胸前上屈，右臂胸前平屈。

3拍左腿后伸成右前弓步，同时右臂侧伸，左臂肩侧上屈，头向右转。

4拍左腿还原跳成并立，同时两臂还原至体侧，头还原（图6-34）。

1拍　2拍　3拍　4拍

图6-34　跳步动作第4个8拍中1～4拍

5拍提臀，抬右腿，同时两臂胸前平屈。

6拍右腿落下并立，同时两臂还原至体侧。

7拍左腿高踢跳。

8拍左腿落下成并立（图6-35）。

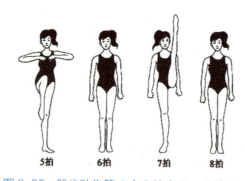

5拍　6拍　7拍　8拍

图6-35　跳步动作第4个8拍中5～8拍

跳步动作第5个8拍：

1拍跳成开立，同时左臂侧伸，头向左转。

2拍跳成并立，同时左臂肩侧上屈，头还原。

3拍跳成开立，同时右臂侧伸，头向右转。

4拍跳成并立，同时右臂肩侧上屈，头还原（图6-36）。

图6-36 跳步动作第5个8拍中1～4拍

5拍跳成开立，同时两臂胸前屈。

6拍跳成并立，同时两臂胸前平屈。

7拍跳成开立，同时两臂上举。

8拍跳成并立，同时两臂还原至体侧（图6-37）。

图6-37 跳步动作第5个8拍中5～8拍

跳步动作第6个8拍：

1～4拍跑跳步向左转体360°，同时两臂在体侧屈并自然摆动。

5、6拍原地踏步走，同时两手在胸前击掌2次。

7～8拍跳成开立，两臂向外绕至肩上屈，两手扶头后，挺胸立腰，目视前方（图6-38）。

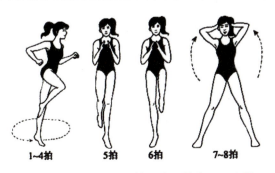

图6-38 跳步动作第6个8拍中1～8拍

### 三、健美操运动创编

#### （一）健美操运动创编的概念

健美操运动创编的概念就是在坚持全面发展身体的基础上，把握当前健美操运动的发展趋势，充分考虑场地、设施等因素，对已有的动作素材进行加工、移植、对比和再创造，配以适当的音乐，编排出新颖独特的适于不同人群或个体练习需要的单个动作、动作连接和动作套路。

科学合理的创编过程是开展健美操的基础，是实现健美操健身、健美、健心目标的一个重要前提。

#### （二）各类健美操运动的创编

（1）根据创编健美操的风格，分为传统健美操创编、爵士健美操创编、搏击健美操创编、拉丁健美操创编、瑜伽健美操创编、普拉提健美操创编等。

（2）根据创编对象的年龄，分为儿童健美操创编、青少年健美操创编、中老年健美操创编。高校健身性健美操主要是指青少年健美操。

（3）根据创编对象锻炼目的，分为康复健美操创编、保健健美操创编、健美健美操创编。

（4）根据创编使用器械与否，分为徒手健美操创编、轻器械创编（包括哑铃健美操创编、橡皮筋健美操创编、踏板健美操创编、自行车健美操创编、健身球健美操创编等）。

（5）根据创编锻炼的主要部位，分为头颈部、胸部、腰部、腿部、手臂、臀部等局部健美操创编。

（6）根据创编针对的特殊人群，分为孕妇健美操创编、残疾人健美操创编等。

（7）根据创编的性别特征，分为男子健美操创编、女子健美操创编。

（8）根据创编对象的身体状况，分为初级健美操创编（从未参加锻炼的不同人群）、中级健美操创编（偶尔参加锻炼的不同人群）、高级健美操创编（经常参加锻炼的不同人群）。

#### （三）健美操运动创编的过程

##### 1．创编前的准备工作

（1）明确创编的目的、任务、要求。
（2）对练习者的年龄、性别、身体状况、运动基础等情况进行了解。
（3）对练习时间、场地、器材设备等条件进行了解。
（4）收集有关健美操的文字资料和音像资料。

##### 2．制定总体方案

在了解多方面情况的基础上，制作一个健身健美操总体设计方案，并确定各要素。基本如下。
（1）确定类别（健身、表演、竞赛）。
（2）确定风格（民族或爵士、优美或刚劲、活泼或刚健）。
（3）确定音乐（长短、节奏）。
（4）确定"三度"：难度（大、中、小）、长度（若干个八拍）、速度（×拍/10秒）。

##### 3．编排动作

遵循健美操创编的全面性、针对性、科学性、创新性、音乐与动作一致性原则，在比较熟悉、理解音乐之后，按照总体方案逐节设计具体动作，使之符合总体设计方案的要求，并使所编动作与伴奏音乐和谐统一。

一般按照难度由易到难、负荷由小到大的规律编排成套动作。首先安排一节热身运动或伸展运动；其次为头部、上肢、肩部、胸部、腰背部、髋部、下肢、全身、跳跃运动；最后是整理运动。各节的基本姿势和连接方法要做到统一。

### 4．记写动作

记写动作与编排动作是同时进行的，在编排的过程中要把动作记录下来。速记和图解是记写的两种方法。记写的内容和顺序如下。

（1）记写每节动作的名称、节数及动作的重复次数。

（2）绘制动作简图。简图应包括动作的开始姿势、每拍动作的主要姿势、动作路线和结束姿势。

（3）记写动作说明。动作说明力求简明扼要、术语正确。记写顺序是先下肢后上肢，先左边后右边，并明确写出动作的路线、方向和做法等。首先，写明预备姿势；其次，写明每拍动作的做法和结束姿势。

（4）记写做操注意事项。

### 5．练习与调整

按编排好的动作进行练习。练习时最好设计一份调查表，把各种情况记录下来，进行统计分析，尽可能完善地进行动作调整。一般来说，在练习过程中应注意检查以下4个问题。

（1）动作的跨度是否与音乐时长一致？

（2）动作是否与音乐的风格、节奏浑然一体？

（3）运动量和运动强度是否适宜？

（4）动作的结构和顺序是否合理，并具有艺术性？

根据测试结果、练习者的反馈信息及创编者的观察研究，对动作进行适当的修改和调整并继续练习检查，以求达到最佳效果。

### （四）撰写文字说明与绘图

撰写文字说明与绘图都是为了保留材料，以便在今后的教学研究、出版或相互交流中使用。文字说明应力求做到简明扼要、术语正确，绘图应形象逼真、方向清晰。记录时最好图文并用。

# 第二节　体育舞蹈——华尔兹（慢三）

## 一、体育舞蹈概述

体育舞蹈是将舞蹈与体育相结合，以艺术审美的方式锻炼身体，使身心全面健康发展的舞蹈新品种。体育舞蹈也称社交舞或交际舞，是生活舞蹈的一种，对于舞步种类的顺序没有明确的规定，可以将合适的舞步自由组合，随着音乐即兴起舞。长期以来，体育舞蹈以自娱性、社交性为主要功能特征，舞蹈家对一部分内容进行整理，加以系统化、规范化，创造了国际标准体育舞蹈（以下简称国标舞）。国标舞的诞生与发展丰富了体育舞蹈的内容与表现形式，打破了其自娱自乐的局限性。体育舞蹈的分类如图 6-39 所示。

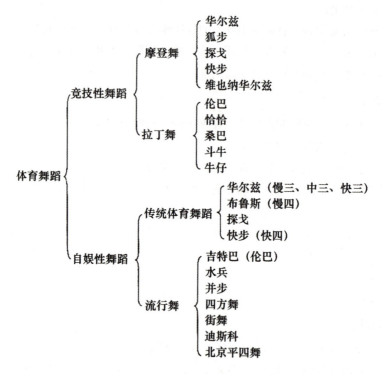

图 6-39　体育舞蹈的分类

下面，系统对传统体育舞蹈——华尔兹（慢三）的动作进行讲解。

## 二、体育舞蹈——华尔兹（慢三）的握手姿势与体位

### （一）闭式舞姿

下面以华尔兹（慢三）为例分别介绍男子和女子闭式舞姿的握姿（图 6-40）。

图 6-40　闭式舞姿

### 1. 男子握姿

（1）直立：两脚并拢，挺胸立腰，收腹微提臀，两膝自然放松。

（2）左手与女士右手掌心相对互握，虎口向上，前臂与大臂的夹角为 135° 左右，高度在女士右耳峰水平位置。

（3）右手五指并拢，轻轻置于女士左肩胛骨下端，前臂与大臂夹角为 75° 左右。

（4）头部自然挺直，目光从女士右肩方向看出。

（5）身位稍向女士右侧偏移约 1/3。

### 2．女子握姿

（1）直立：两脚并拢，膝关节放松，收腹提臀，紧腰，上体向后微屈。

（2）右手轻轻挂在男士左手虎口上，与男士左手掌心相对互握。

（3）左手轻轻搁在男士右肩峰处，虎口位于男士三角肌上端。

（4）头部略向左倾斜，目光从男士右肩方向看出。

（5）身位稍向男士右侧偏移约 1/3。在拉丁舞中，闭式位舞姿男女基本相同，男士的左臂和女士的右臂姿态为屈肘前上举，掌心相对，更多采用自由舞姿。

### （二）散式舞姿

散式舞姿是在闭式舞姿的基础上，男士上体稍向左转开，女士上体稍向右转开，目光朝同一方向看，以华尔兹（慢三）为例的散式舞姿如图 6-41 所示。

图 6-41　散式舞姿

## 三、体育舞蹈——华尔兹（慢三）的基本方位、路线标识

### （一）方位

为了便于在舞蹈进行中正确地辨别方位，一般情况下，将主席台（乐队演奏台）的一面定为房屋的基点，即"1 点"。按顺时针方向转动，每转动 45° 设置一个点，共设 8 个点，如图 6-42 所示。

| 8 | 1 | 2 |
|---|---|---|
| 7 | | 3 |
| 6 | 5 | 4 |

| 315° | 0°/360° | 45° |
|---|---|---|
| 270° | | 90° |
| 225° | 180° | 135° |

图 6-42　基本方位

## （二）舞程线

跳舞时为了有序进行、防止碰撞，必须按逆时针方向运行，形成的运行线就是舞程线（图6-43）。为了清楚地指示舞蹈者每个舞步的运行方向，使其在舞动时不断变换方位，也能沿着舞程线的运行规律向前移动，特别规定了8条方向线：①面对舞程线；②面斜壁线；③面对壁线；④背中央线；⑤背对舞程线；⑥背斜壁线；⑦面对中央线；⑧面对斜中央线。

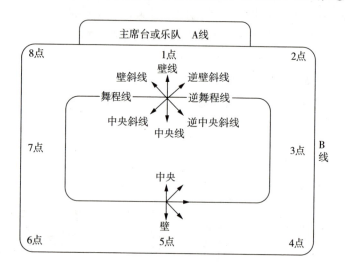

图6-43　舞程线

## （三）比赛场地

竞技国标舞比赛的场地是有一定规格的，一般赛场要求地面平整光滑，长23米、宽16米。最小尺寸为长20米、宽15米。赛场上长的两条边线叫A线，短的两条边线叫B线，如图6-44所示。

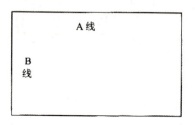

图6-44　竞技国标舞比赛的场地

## 四、华尔兹（慢三）

华尔兹是体育舞蹈中历史最悠久的舞蹈，原是德国和奥地利的一种乡村舞，后发展为欧洲各国的宫廷舞。其动作典雅大方、流畅飘逸、旋转性强，在体育舞蹈中保持着"舞蹈之王"的美称。

华尔兹舞音乐节奏是3/4拍，第一拍为重拍。速度有慢、中、快三种。因此，人们习惯称之为慢三、中三、快三。其中，慢三和快三在竞技国标舞中的正规叫法分别是华尔兹和维也纳华尔兹。华尔兹（慢三）的速度较慢，每分钟有28～30小节。一般情况下，根据音乐节奏每小节 3 拍走 3 步，每 3 拍出现一次柔和的重心起伏，第一拍结尾开始上升，第二拍继续上升，第三拍继续上升，结尾下降。做前进步时由脚跟过渡到脚掌，做后退步时由脚掌过渡到脚跟。

### （一）基本舞步

#### 1. 前进直步

华尔兹前进直步男士动作做法见表 6-1，女士动作做法见表 6-2，动作如图 6-45 所示。

表 6-1 华尔兹前进直步男士动作做法

| 步数 | 节拍 | 步法 | 方位 | 重心升降 | 转度 | 倾斜 |
|---|---|---|---|---|---|---|
| 1 | 1 | 左脚向前 | 面向舞程线 | 结尾开始上升 | 不转 | 不倾斜 |
| 2 | 2 | 右脚向前 | 面向舞程线 | 继续上升 |  |  |
| 3 | 3 | 左脚并于右脚旁 | 面向舞程线 | 继续上升，结尾下降 |  |  |
| 4 | 1 | 右脚前进 | 面向舞程线 | 结尾开始上升 |  |  |
| 5 | 2 | 左脚前进 | 面向舞程线 | 继续上升 |  |  |
| 6 | 3 | 右脚并于左脚旁 | 面向舞程线 | 继续上升，结尾下降 |  |  |

表 6-2 华尔兹前进直步女士动作做法

| 步数 | 节拍 | 步法 | 方位 | 重心升降 | 转度 | 倾斜 |
|---|---|---|---|---|---|---|
| 1 | 1 | 右脚后退 | 背向舞程线 | 结尾开始上升 | 不转 | 不倾斜 |
| 2 | 2 | 左脚后退 | 背向舞程线 | 继续上升 |  |  |
| 3 | 3 | 右脚并于左脚旁 | 背向舞程线 | 继续上升，结尾下降 |  |  |
| 4 | 1 | 左脚后退 | 背向舞程线 | 结尾开始上升 |  |  |
| 5 | 2 | 右脚后退 | 背向舞程线 | 继续上升 |  |  |
| 6 | 3 | 左脚并于右脚旁 | 背向舞程线 | 继续上升，结尾下降 |  |  |

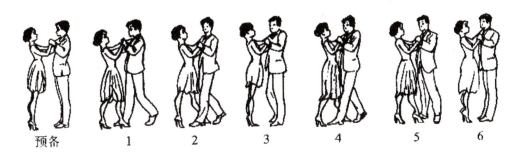

图 6-45 华尔兹前进直步

## 2．后退直步

动作同前进直步，方向相反（图6-46）。

预备　　　1　　　2　　　3　　　4　　　5　　　6

图6-46　华尔兹后退直步

## 3．前进横步

华尔兹前进横步男士动作做法见表6-3，女士动作做法见表6-4，动作如图6-47所示。

表6-3　华尔兹前进横步男士动作做法

| 步数 | 节拍 | 步法 | 方位 | 重心升降 | 转度二 | 倾斜 |
|---|---|---|---|---|---|---|
| 1 | 1 | 左脚前进 | 面向舞程线 | 结尾开始上升 | 不转 | 左 |
| 2 | 2 | 右脚经左脚前横步 | 面向舞程线 | 继续上升 | | |
| 3 | 3 | 左脚并于右脚旁 | 面向舞程线 | 继续上升，结尾下降 | | |
| 4 | 1 | 右脚前进1步 | 面向舞程线 | 结尾开始上升 | | |
| 5 | 2 | 左脚经右脚前横步 | 面向舞程线 | 继续上升 | | 右 |
| 6 | 3 | 右脚并于左脚旁 | 面向舞程线 | 继续上升，结尾下降 | | |

表6-4　华尔兹前进横步女士动作做法

| 步数 | 节拍 | 步法 | 方位 | 重心升降 | 转度 | 倾斜 |
|---|---|---|---|---|---|---|
| 1 | 1 | 右脚后退 | 背向舞程线 | 结尾开始上升 | 不转 | 右 |
| 2 | 2 | 左脚经右脚前横步 | 背向舞程线 | 继续上升 | | |
| 3 | 3 | 右脚并于左脚旁 | 背向舞程线 | 继续上升，结尾下降 | | |
| 4 | 1 | 左脚后退1步 | 背向舞程线 | 结尾开始上升 | | |
| 5 | 2 | 右脚经左脚旁横步 | 背向舞程线 | 继续上升 | | 左 |
| 6 | 3 | 左脚并于右脚旁 | 背向舞程线 | 继续上升，结尾下降 | | |

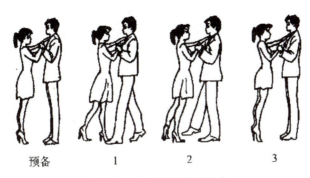

图 6-47  华尔兹前进横步

### 4. 后退横步

动作同前进横步，方向相反（图 6-48）。

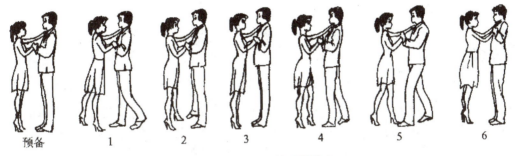

图 6-48  华尔兹后退横步

### 5. 右转步

华尔兹右转步男士动作做法见表 6-5，女士动作做法见表 6-6，动作如图 6-49 所示。

表 6-5  华尔兹右转步男士动作做法

| 步数 | 节拍 | 步法 | 方位 | 重心升降 | 转度 | 倾斜 |
|---|---|---|---|---|---|---|
| 1 | 1 | 左脚前进 | 面向斜壁线 | 结尾开始上升 | 开始右转<br>转至 90° | 右右 |
| 2 | 2 | 左脚经右脚旁横步 | 背向斜中央 | 继续上升 | | |
| 3 | 3 | 右脚并于左脚旁 | 背向斜中央 | 继续上升，结尾下降 | | |
| 4 | 1 | 左脚后退（稍向外侧） | 背向舞程线 | 结尾开始上升 | 继续右转<br>转至 90° | 左左 |
| 5 | 2 | 右脚经左脚旁横步 | 面向斜中央 | 继续上升 | | |
| 6 | 3 | 左脚并于右脚旁 | 面向斜中央 | 继续上升，结尾下降 | | |

表 6-6 华尔兹右转步女士动作做法

| 步数 | 节拍 | 步法 | 方位 | 重心升降 | 转度 | 倾斜 |
|------|------|------|------|----------|------|------|
| 1 | 1 | 左脚后退 | 背向斜壁线 | 结尾开始上升 | 开始右转转至90° | 左左 |
| 2 | 2 | 右脚经左脚旁横步 | 面向斜中央 | 继续上升 | | |
| 3 | 3 | 左脚并于右脚旁 | 面向斜中央 | 继续上升，结尾下降 | | |
| 4 | 1 | 右脚前进 | 面向舞程线 | 结尾开始上升 | 继续右转转至180° | 右右 |
| 5 | 2 | 左脚经右脚旁横步 | 背向斜中央 | 继续上升 | | |
| 6 | 3 | 右脚并于左脚旁 | 背向斜中央 | 继续上升，结尾下降 | | |

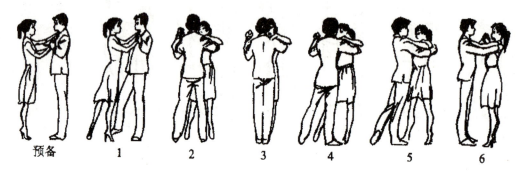

图 6-49 华尔兹右转步

## 6. 左转步

华尔兹左转步男士动作做法见表 6-7，女士动作做法见表 6-8，动作如图 6-50 所示。

表 6-7 华尔兹左转步男士动作做法

| 步数 | 节拍 | 步法 | 方位 | 重心升降 | 转度 | 倾斜 |
|------|------|------|------|----------|------|------|
| 1 | 1 | 左脚前进 | 面向舞程线 | 结尾开始上升 | 开始左转转至90° | 左左 |
| 2 | 2 | 右脚经左脚前横步 | 背向斜壁线 | 继续上升 | | |
| 3 | 3 | 左脚并于右脚旁 | 背向斜壁线 | 继续上升，结尾下降 | | |
| 4 | 1 | 右脚后退 | 背向斜壁线 | 结尾开始上升 | 继续左转转至180° | 右右 |
| 5 | 2 | 左脚经右脚旁横步 | 面向斜中央 | 继续上升 | | |
| 6 | 3 | 右脚并于左脚旁 | 面向斜中央 | 继续上升，结尾下降 | | |

表6-8 华尔兹左转步女士动作做法

| 步数 | 节拍 | 步法 | 方位 | 重心升降 | 转度 | 倾斜 |
|---|---|---|---|---|---|---|
| 1 | 1 | 右脚后退 | 背向舞程线 | 结尾开始上升 | 开始左转 转至90° | 右右 |
| 2 | 2 | 左脚经右脚旁横步 | 面向斜壁线 | 继续上升 | | |
| 3 | 3 | 右脚并于左脚旁 | 面向斜壁线 | 继续上升，结尾下降 | | |
| 4 | 1 | 左脚前进 | 面向斜壁线 | 结尾开始上升 | 继续左转 转至180° | 左左 |
| 5 | 2 | 右脚经左脚旁横步 | 背向斜中央 | 继续上升 | | |
| 6 | 3 | 左脚并于右脚旁 | 背向斜中央 | 继续上升，结尾下降 | | |

图6-50 华尔兹左转步

### 7. 右旋转步

华尔兹右旋转步男士动作做法见表6-9，女士动作做法见表6-10，动作如图6-51所示。

表6-9 华尔兹右旋转步男士动作做法

| 步数 | 节拍 | 步法 | 方位 | 重心升降 | 转度 | 倾斜 |
|---|---|---|---|---|---|---|
| 1 | 1 | 左脚后退上体后倾（右反身）让位于女士，通过右脚前进 | 背对舞程线 | 结尾开始上升 | 开始右转 | 右 |
| 2 | 2 | | 面向斜中央 | 继续上升 | | |
| 3 | 3 | 左脚后退（偏外） | 面向斜壁线 | 继续上升，结尾下降 | 转至180° | |
| 4 | 1 | 右脚后退 | 面向斜壁线 | 结尾开始上升 | | |
| 5 | 2 | 左脚经右脚前横步 | 面向斜壁线 | 继续上升 | | |
| 6 | 3 | 右脚并于左脚旁 | 面向斜壁线 | 继续上升，结尾下降 | 转至270° | |

表6-10　华尔兹右旋转步女士动作做法

| 步数 | 节拍 | 步法 | 方位 | 重心升降 | 转度 | 倾斜 |
|------|------|------|------|----------|------|------|
| 1 | 1 | 右脚前进（较大） | 面向舞程线 | 结尾开始上升 | 开始右转 | 左 |
| 2 | 2 | 左脚前进（较小） | 背向斜中央 | 继续上升 | | |
| 3 | 3 | 右脚前进（偏外） | 背向斜壁线 | 继续上升，结尾下降 | | |
| 4 | 1 | 左脚前 | 背向斜壁线 | 结尾开始上升 | | |
| 5 | 2 | 右脚经左脚旁横步 | 背向斜壁线 | 继续上升 | 转至180° | |
| 6 | 3 | 左脚并于右脚旁 | 背向斜壁线 | 继续上升，结尾下降 | 转至270° | |

预备　　　1　　　2　　　3　　　4　　　5　　　6

图6-51　华尔兹右旋转步

## 8．让步

华尔兹让步男士动作做法见表6-11，女士动作做法见表6-12，动作如图6-52所示。

表6-11　华尔兹让步男士动作做法

| 步数 | 节拍 | 步法 | 方位 | 重心升降 | 转度 | 倾斜 |
|------|------|------|------|----------|------|------|
| 1 | 1 | 左脚前进 | 面向斜壁线 | 结尾开始上升 | 开始左转 | 右右 |
| 2 | 2 | 右脚后退 | 面向斜壁线 | 继续上升 | | |
| 3 | 3 | 左脚并于右脚旁 | 面向斜壁线换向 | 继续上升，结尾下降 | | |
| 4 | 1 | 右脚后退 | 面向斜壁线 | 结尾开始上升 | | |
| 5 | 2 | 左脚经右脚旁横步 | 面向斜壁线 | 继续上升 | 转至90° | |
| 6 | 3 | 右脚并于左脚旁 | 面向斜壁线 | 继续上升，结尾下降 | | |

表6-12 华尔兹让步女士动作做法

| 步数 | 节拍 | 步法 | 方位 | 重心升降 | 转度 | 倾斜 |
|---|---|---|---|---|---|---|
| 1 | 1 | 右脚后退 | 背向斜壁线 | 结尾开始上升 | 开始左转 | 左左 |
| 2 | 2 | 左脚前进 | 背向斜壁线 | 继续上升 | | |
| 3 | 3 | 右脚并于右脚 | 背向斜壁线 | 继续上升，结尾下降 | | |
| 4 | 1 | 左脚后退 | 换线面向斜壁线 | 结尾开始上升 | | |
| 5 | 2 | 右脚经左脚旁横步 | 背向斜壁线 | 继续上升 | 转至90° | |
| 6 | 3 | 左脚并于左脚 | 背向斜壁线 | 继续上升，结尾下降 | | |

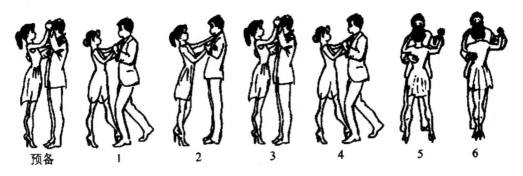

预备  1  2  3  4  5  6

图6-52 华尔兹让步

## （二）组合范例

### 1.男士动作做法（面向斜壁线开始）

进：直步右转90°→退：直步左转90°→进：横步右转90°→退：直步左转90°→进：直步右转90°→退：横步左转90°→进：让步左转90°。

### 2.女士动作做法（面向斜壁线开始）

退：直步右转90°→进：直步左转90°→退：横步右转90°→进：右旋转步（270°）横步→退：直步右转90°→进：横步左转90°→退：让步左转90°。

### ✎ 课后训练

1. 健美操开合跳的动作要点是什么？健美操比赛的种类有哪些？
2. 简述体育舞蹈的种类。

# 第七章
# 传统武术

## 第一节　传统武术基本功

### 一、传统武术概述

　　武术源于人类远古祖先的劳动实践，它既是一种体育运动，也是一种文化现象，有着深厚的文化内涵。中国传统武术以中国文化为理论基础，融合了儒、释、道哲学思想，与传统中医也有着紧密的联系，并演变成一个复杂的、不断融合发展的有机体。

　　武术以技击动作为主要内容，以功法、套路和搏斗为主要运动形式，是注重内外兼修的民族传统体育项目，其发展至今已经有几千年的历史。春秋战国时期是我国封建社会转型剧烈变化的时代。频繁的战争推动练兵习武空前盛行，武术开始向多样化发展，手搏、角力在民间拥有广泛的市场，可用拳打脚踢、连捶带拿等奇巧战术来制胜对方。在与文化的交融中，武术与养生相结合，逐渐形成了注重整体、强调精气、平衡阴阳的保健思想，这对武术的发展产生了重要影响。

　　近代武术在中国武术发展史上起到了承前启后的重要作用。近代中国在西方文化的猛烈冲击下时局动荡、战火不断，各种思潮激烈交锋，在这一段特殊的历史时期，中国武术虽然受到了一定程度的负面影响，但在民族复兴理念的号召下，武术运动迎来了新局面，开始向着科学化、规范化的方向发展。

　　新中国成立后，武术成为我国体育事业的组成部分。1955 年，原国家体育运动委员会设立武术研究室，并将武术列为体育院系专业课。1956 年，中国武术协会成立。1957 年，国家体育运动委员会将武术列为体育竞赛项目。1978 年，武术被列入大学生体育课教学计划。20世纪 80 年代以后，我国通过专家出访、国际武术邀请赛、世界武术锦标赛等，同 40 多个国家和地区进行友好往来。在北京举行的第 11 届亚运会中，武术被列为国际体育比赛项目，国际武术联合会成立。2008 年北京奥运会，武术被列为表演项目，这表明作为中华民族传统体育项目的武术正逐渐为世界所接纳，竞技武术在世界的传播和影响已不容忽视，武术实现了竞技武术国际化的目标。

## 二、传统武术基本功

### （一）手形

#### 1．拳

（1）拳的手形。

四指并拢卷握，拇指紧扣食指和中指的第二指节，拳面要平，拳握要紧（图7-1）。

（2）出拳。

如图7-2所示，两脚左右开立，与肩同宽，两拳抱于腰间，肘尖向后，拳心向上。挺胸、收腹、立腰，右拳从腰间向前猛力冲出，转腰、顺肩，在肘关节过腰后右前臂向内旋。力达拳面，臂要伸直，高与肩平。同时左肘向后牵拉，练习时可左、右手交替进行。

（3）架拳。

如图7-3所示，两脚左右开立，与肩同宽，两拳抱于腰间，肘尖向后，拳心向上。右拳向下、向右、向上经头前向右上方画弧并在右前上方架起，拳眼向下，眼看左方。练习时，左、右手交替进行。

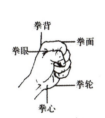

图 7-1　拳的手形

图 7-2　出拳

图 7-3　架拳

#### 2．掌

（1）掌的手形。

四指并拢伸直，拇指弯曲紧扣于虎口处（图7-4）。

（2）推掌。

如图7-5所示，两脚左右开立，与肩同宽，两拳抱于腰间，肘尖向后，拳心向上。右拳变掌，前臂内旋，并以掌根为着力点，向前猛力推出。推击时要转腰、顺肩，臂要伸直，高与肩平。同时左肘向后牵拉。练习时，可以左、右手交替进行。

（3）亮掌。

如图7-6所示，两脚左右开立，与肩同宽，两拳抱于腰间，肘尖向后，拳心向上。右拳变掌，经体侧向右、向上画弧，至头部右前上方时，抖腕亮掌，臂成弧形。掌心向前，虎口朝下，眼随右手动作转动，亮掌时，注视左方。练习时，左、右手交替进行。

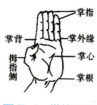

图 7-4　掌的手形

图 7-5　推掌

图 7-6　亮掌

### 3. 勾

五指第一指节捏拢在一起，屈腕（图 7-7）。

图 7-7　勾

## （二）步形

### 1. 弓步

如图 7-8 所示，并步直立抱拳。左脚向前一大步（为本人脚长的 4～5 倍），脚尖微内扣，左腿屈膝半蹲（大腿接近水平），膝与脚尖垂直。右腿挺膝伸直，脚尖内扣（斜向前方），两脚全脚着地。上体正对前方，眼向前平视，两手抱拳于腰间，弓右腿为右弓步，弓左腿为左弓步。

### 2. 马步

如图 7-9 所示，并步直立抱拳。两脚平行开立（约为本人脚长的 3 倍），脚尖正对前方，屈膝半蹲，膝部不超过脚尖，大腿接近水平，全脚着地，身体重心落于两腿之间，两手抱拳于腰间。

图 7-8　弓步

图 7-9　马步

### 3. 虚步

如图 7-10 所示，并步直立叉腰。两脚前后开立，右脚外展 45°。屈膝半蹲，左脚脚跟离地，脚面绷平，脚尖稍内扣，虚点地面，膝微屈，重心落于后腿上。两手叉腰。眼向前平视。左脚在前为左虚步，右脚在前为右虚步。

### 4. 仆步

如图 7-11 所示，并步直立抱拳。两脚左右开立，右腿屈膝全蹲，大腿和小腿靠紧，臀部接近小腿，右脚全脚着地，脚尖和膝关节外展，左腿挺直平仆，脚尖里扣，全脚着地。两手抱拳于腰间。眼向左方平视。仆左腿为左仆步；仆右腿为右仆步。

5．歇步

如图 7-12 所示，并步直立抱拳。两脚交叉靠拢全蹲，左脚全脚着地，脚尖向外，右脚前脚掌着地，膝部贴近左腿外侧，臀部坐于右腿接近脚跟处。两手抱拳于腰间。眼向左前方平视。左脚在前为左歇步，右脚在前为右歇步。

图 7-10　虚步　　　　　　图 7-11　仆步　　　　　　图 7-12　歇步

# 第二节　初级长拳（五步拳）

## 一、动作名称

预备动作：预备式，虚步亮掌，并步对拳。

第一段：弓步冲拳，弹腿冲拳，马步冲拳，弓步冲拳，弹腿冲拳，大跃步前穿，弓步击掌，马步架掌。

第二段：虚步栽拳，提膝穿掌，仆步穿掌，虚步挑掌，马步击掌，叉步双摆掌，弓步击掌，转身踢腿马步盘肘。

第三段：歇步抡砸拳，仆步亮掌，弓步劈拳，换跳步弓步冲拳，马步冲拳，弓步下冲拳，叉步亮掌侧踹腿，虚步挑拳。

第四段：弓步顶肘，转身左拍脚，右拍脚，腾空飞脚，歇步下冲拳，仆步抡劈拳，提膝挑掌，提膝劈掌弓步冲拳。

结束动作：虚步亮掌，并步对拳，还原。

长拳是一种姿势舒展大方，动作灵活快速、蹿蹦跳跃、闪展腾挪、起伏转折、勇猛有力、节奏鲜明、动作流畅、一气呵成的武术套路。

## 二、动作说明

### （一）预备动作

#### 1.预备式（图 7-13）

两脚开立，两臂垂于体侧，五指并拢贴靠腿外侧，平视前方。

### 2. 虚步亮掌（图 7-14）

（1）右脚向右后方撤步成左弓步，右掌向右、向上、向前画弧，掌心朝上；左臂屈肘，左掌提至腰侧，掌心朝上。目视右掌。

（2）右腿微屈，重心后移，左掌经胸前从右臂上向前穿出伸直；右臂屈肘，右掌收至腰侧，掌心朝上。目视左掌。

（3）重心继续后移，左脚稍向右移，脚尖点地，成左虚步。左臂内旋向左、向后画弧成勾手，勾尖朝上；右手继续向后、向右、向前上画弧，屈肘抖腕，在头右前上方成亮掌（横掌），掌心朝前，掌指向左，目视左方。

图 7-13 预备式

图 7-14 虚步亮掌

### 3. 并步对拳（图 7-15）

（1）右腿蹬直，左腿提膝（脚尖内扣），上肢姿势不变。

（2）左脚向前落步，重心前移。左臂屈肘，左勾手变掌经左肋前伸；右臂外旋向前下落于左掌右侧，两掌同高，掌心均朝上，目视两掌。

（3）右脚向前上一步，两臂下垂后摆。

（4）左脚向右脚并步，两臂向外、向上，经胸前时屈肘下按，两掌变拳，拳心朝下，停于小腹前。目视左方。

图 7-15 并步对拳

## （二）第一段

### 1. 左弓步冲拳（图 7-16）

（1）左脚向左上一步，脚尖向斜前方；右腿微屈成半马步。左臂向上、向左格打，拳眼向后，拳与肩同高；右拳收至腰侧，拳心朝上。目视左拳。

（2）右腿蹬直成左弓步。左拳收至腰侧，拳心朝上；右拳向前冲出，高与肩平，拳眼朝上。

目视右拳。

### 2. 右弹腿冲拳（图7-17）

重心前移至左腿，右腿屈膝提起，脚面绷直，猛力向前弹出伸直，高与腰平。右拳收至腰侧；左拳向前冲出，目视前方。

### 3. 马步冲拳（图7-18）

右脚向前落步，脚尖内扣，上体左转90°。左拳收至腰侧，两腿下蹲成马步；右拳向前冲。目视前方。

图7-16　左弓步冲拳　　　　图7-17　右弹腿冲拳　　　　图7-18　马步冲拳

### 4. 右弓步冲拳（图7-19）

（1）上体右转90°，右脚尖外撇向斜前方，成半马步。右臂屈肘向右格打，拳眼向后。目视右拳。

（2）左腿蹬直成右弓步。右拳收至腰侧，左拳向前冲出。目视左拳。

### 5. 左弹腿冲拳（图7-20）

重心前移至右腿，左腿屈膝提起，脚面绷直，猛力向前弹出伸直，高与腰平。左拳收至腰侧，右拳向前冲出。目视前方。

图7-19　右弓步冲拳　　　　图7-20　左弹腿冲拳

### 6. 大跃步前穿（图7-21）

（1）左腿屈膝。右拳变掌内旋，以手背向下挂至左膝外侧，上体前倾。

（2）左脚向前落步，两腿微屈。右掌继续向后挂，左拳变掌，向后向下伸直。目视左掌。

（3）右腿屈膝向前提起，左腿猛力蹬地向前跃出。两掌向前向上画弧摆起。目视左掌。

（4）右腿落地全蹲，左腿随即落地向前铲出成仆步。右掌变拳抱于腰间，左掌由上向右、向下画弧成立掌，停于右胸前。目视左脚。

图 7-21　大跃步前穿

### 7. 弓步击掌（图 7-22）

右腿猛力蹬直成左弓步。左掌经左脚面向后画弧至身后成勾手，勾尖朝上，左臂伸直；右拳由腰间变掌向前推出，掌指朝上，掌外侧向前。目视右掌。

### 8. 马步架掌（图 7-23）

（1）重心移至两腿之间，左脚脚尖内扣成马步，上体右转。右臂向左侧平摆，稍屈肘；同时左勾手变掌由后经左腰侧右臂内向前上穿出，掌心均朝上。目视左手。

（2）右掌立于左胸前；左臂向左上屈肘抖腕立掌于头部左上方，掌心朝前。目视右方。

图 7-22　弓步击掌　　　　　图 7-23　马步架掌

## （三）第二段

### 1. 虚步栽拳（图 7-24）

（1）右脚蹬地，屈膝提起；左腿伸直，以前脚掌为轴向右后转体 180°。右掌由左胸前向下经右腿外侧向后画弧成勾手；左臂随体转动并外旋，使掌心朝右。目视右手。

（2）右腿向右落步，重心移至右腿上，下蹲成左虚步。左掌变拳下落于左膝上，拳眼向里，拳心向后；右勾手变拳，屈肘向上架于头的右上方，拳心朝前。目视左方。

### 2. 提膝穿掌（图 7-25）

（1）右腿稍伸直。右拳变掌收至腰侧，掌心朝上；左拳变掌由下向左、向上画弧盖压于头上方，掌心朝前。

（2）右腿蹬直，左腿屈膝提起，脚尖内扣。右掌从腰侧经左臂内向右前上方穿出，掌心朝上；左掌收至右胸前成立掌。目视右掌。

图 7-24  虚步栽拳

图 7-25  提膝穿掌

### 3. 扑步穿掌（图 7-26）

右腿全蹲，左腿向左后方铲出成左仆步。右臂不动，左掌由右胸前向下经左腿内侧，向左脚面穿出。目随左掌转视。

### 4. 虚步挑掌（图 7-27）

（1）右腿蹬直，重心前移至左腿，成左弓步。右掌稍下降，左掌随重心前移向前挑起。

（2）右脚向左前上步，左腿半蹲，成右虚步。身体随上步左转180°。同时，左掌由前向上，向后画弧成立掌，右掌由后向下、向前上挑起成立掌，指尖与眼平。目视右掌。

图 7-26  扑步穿掌

图 7-27  虚步挑掌

### 5. 马步击掌（图 7-28）

（1）右脚踏实，脚尖外撇，重心稍升高并右移。左掌变拳收至腰间，右掌俯掌向外捋手。

（2）左脚向前上一步，以右脚为轴向右后转体180°，两腿下蹲成马步。左拳从右臂上成立掌向左侧击出，右掌变拳收至腰间。目视左掌。

### 6. 叉步双摆掌（图 7-29）

（1）重心稍右移，同时两掌向下向右摆，掌指均朝上。目视右掌。

（2）右脚向左腿后插步，前脚掌着地。两臂继续由右向上、向左摆，停于身体左侧，均成立掌，右掌停于左肘窝处。目随双掌转视。

### 7. 弓步击掌（图 7-30）

（1）两腿不动。左掌收至腰侧，掌心朝上；右掌向上、向右画弧，掌心朝下。

（2）左腿后撤一步，成右弓步。右掌向下、向后伸直摆动，成勾手，勾尖朝上；左掌成立掌向前推出。目视左掌。

图 7-28　马步击掌　　　　　　　　　图 7-29　叉步双摆掌

图 7-30　弓步击掌

### 8. 转身踢腿马步盘肘（图 7-31）

（1）两脚以前脚掌为轴向左后转体 180°。同时，左臂向上、向前画半立圆，右臂向下、向后画半圆。

（2）上动不停，两脚不动，右臂向后、向上、向前画半立圆，左臂由前向下、向后画半立圆。

（3）上动不停，右臂向下成反臂勾手，勾尖朝上；左臂向上亮掌，掌心朝前上方。右腿伸直，脚尖勾起，向额前踢。

（4）右脚向前落步，脚尖内扣。右手不动，左臂屈肘下落于胸前，左掌心朝下。目视左掌。

（5）上体左转 90°，两腿下蹲成马步。同时左掌向前、向左平搂变拳收至腰间，右勾手变拳，右臂伸直，由体后向右、向前平摆，至体前屈肘，肘尖向前，高与肩平，拳心朝下。

图 7-31　转身踢腿马步盘肘

### （四）第三段

#### 1. 歇步抡砸拳（图 7-32）

（1）重心稍升高，右脚尖外撇。右臂由胸前向上、向右抡直；左拳向下、向左，使臂抡直。目视右拳。

（2）上动不停，两脚以前脚掌为轴，向右后转体180°。右臂向下、向后抡摆，左臂向上、向前随身体转动。

（3）紧接上动，两腿全蹲成歇步。左臂随身体下蹲向下平砸，拳心朝上，臂部微屈；右臂伸直向上举起。目视左下方。

图 7-32　歇步抡砸拳

### 2. 仆步亮掌（图 7-33）

（1）左脚由右腿后抽出向后一步，左腿蹬直，右腿半蹲，成右弓步。上体微向右转。左拳收至腰间，右拳变掌向下经胸前向右横击掌。目视右掌。

（2）右脚蹬地屈膝提起，上体右转。左拳变掌从右掌上向前穿出，掌心朝上；右掌平收至左肘下。

（3）右脚向右落步，屈膝全蹲，左腿伸直，成仆步。左掌向下、向后画弧成勾手，勾尖朝上；右掌向右、向上画弧微屈，抖腕成亮掌，掌心朝前。头随右手转动，至亮掌时，目视左方。

图 7-33　仆步亮掌

### 3. 弓步劈拳（图 7-34）

（1）右腿蹬地立起，左腿收回并向左前方上步。右掌变拳收至腰间，左勾手变掌由下向前上经胸前向左做掳手。

（2）右腿经左腿前方向左绕上一步，左腿蹬直成右弓步。左手向左平掳后再向前挥，虎口朝前。

（3）在左手平掳的同时，右拳向后平摆，然后再向前、向上行抡劈拳，拳高与耳平，拳心朝上，左掌外旋接扶右前臂。目视右拳。

图 7-34　弓步劈拳

### 4. 换跳步弓步冲拳（图 7-35）

（1）重心后移，右脚稍向后移动。右拳变掌，臂内旋以掌背向下画弧挂至右膝内侧；左掌背贴靠右肘外侧，掌指朝前。目视右掌。

（2）右腿自然上抬，上体稍向左扭转。右掌挂至身体左侧，左掌伸向右腋下。目随右掌转视。

（3）右脚以全脚掌用力向下震踔。与此同时，左脚急速离地抬起。右手由左向上、向前掳盖而后变拳收至腰间；左掌伸直向下、向上、向前屈肘下按，掌心朝下。上体右转，目视左掌。

（4）左脚向前落步，右腿蹬直成左弓步。右拳向前冲出，拳高与肩平；左掌藏于右腋下，掌背贴靠腋窝。目视右拳。

图 7-35　换跳步弓步冲拳

### 5. 马步冲拳（图 7-36）

上体右转90°，重心移至两腿中间，成马步。右拳收至腰间，左掌变拳向左冲出，拳眼朝上。目视左拳。

### 6. 弓步下冲拳（图 7-37）

右腿蹬直，左腿弯曲，上体稍向左转，成左弓步。左拳变掌向下经体前向上架于头左上方，掌心朝上，右拳自腰间向左前斜下方冲出。目视右拳。

图 7-36　马步冲拳

图 7-37　弓步下冲拳

### 7. 叉步亮掌侧踹腿（图 7-38）

（1）上体稍右转。左掌由头上下落于右手腕上，右拳变掌，两手交叉成十字。

（2）右脚蹬地并向左后插步，以前脚掌着地。左掌由体前向下、向后画弧成勾手，勾尖朝上；右掌由前向右、向上画弧抖腕亮掌，掌心朝上。目视左侧。

（3）重心移至右腿，左腿屈膝提起，向左上方猛力蹬出。上肢姿势不变。目视左侧。

图 7-38 叉步亮掌侧踹腿

### 8. 虚步挑拳（图 7-39）

（1）左脚在左侧落地。右掌变拳稍后移，左勾手变拳由体后向左上挑，拳背向上。

（2）上体左转 180°，微含胸前俯。左拳继续向前、向上画弧上挑，右拳向下、向前画弧挂至右膝外侧，同时右膝提起。目视右拳。

（3）右脚向左前方上步，脚尖点地，左腿下蹲式成右虚步。左拳向后画弧收至腰间，拳心朝上；右拳向前屈臂挑出，拳眼斜向上，拳高与肩平，目视右拳。

图 7-39 虚步挑拳

### （五）第四段

#### 1. 弓步顶肘（图 7-40）

（1）重心升高，右脚脚尖点地。右臂内旋向下直臂画弧以拳背下挂至右膝内侧，左拳不变。目视前下方。

（2）左腿蹬直，右腿屈膝上抬。左拳变掌，右拳不变，两臂向前、向上画弧摆起。目随左掌转视。

（3）左脚蹬地起跳，身体腾空，两臂继续画弧摆至头上方。

（4）右脚落地，右腿屈膝；左脚向前落步，以前脚掌着地。同时两臂向右、向下屈肘停于右胸前，右拳变掌，左掌变拳。右掌心贴靠左拳面。

（5）左脚向左上一步，左腿屈膝，右腿蹬直成左弓步。右掌推左拳，以左肘尖向左顶出，拳高与肩平。目视前方。

图7-40 弓步顶肘

### 2.转身左拍脚（图7-41）

（1）以两脚前脚掌为轴向右后转体180°。随着转体，右臂向上、向右，而后向下画弧抡摆，同时左拳变掌向下、向后，而后向前上抡摆。

（2）左腿伸直向前上踢起，脚面绷直。左掌变拳收至腰间，右掌由体后向上、向前拍击左脚面。

### 3.右拍脚（图7-42）

（1）左脚向前落步，左拳变掌向下、向后摆，右掌变拳收至腰间。

（2）右腿伸直向前上方踢起，脚面绷直。左拳变掌由后向上、向前拍击右脚面。

图7-41 转身左拍脚　　　　　　　图7-42 右拍脚

### 4.腾空飞脚（图7-43）

（1）脚落。

（2）左脚向前摆起，右脚猛力蹬地跳起，左腿屈膝继续前上摆，同时右拳变掌向前上摆起，左掌先上摆、后下降，拍击右掌背。

（3）右腿继续上摆，脚面绷直。右手拍击右脚面，左掌由体前向后上举。

图7-43 腾空飞脚

**5. 歇步下冲拳（图7-44）**

（1）左、右脚相继落地。左掌变拳收至腰间。

（2）身体右转90°，两腿全蹲成歇步。右掌变拳收至腰间；左拳由腰间向前下方冲出，拳心向下。目视左拳。

**6. 仆步抡劈拳（图7-45）**

（1）左臂随重心升高向上摆起，右臂由腰间向体后伸直。

（2）以右脚前脚掌为轴，左腿屈膝提起，上体左转270°。左拳由前向后下画立圆一周，右拳由后向下、向前上画立圆一周。

（3）左脚向后落一步，屈膝全蹲，右腿伸直，脚尖内扣成右仆步。右拳由上向下抡劈，拳眼朝上；左拳向上举，拳眼朝上。目视右拳。

图7-44　歇步下冲拳　　　　　图7-45　仆步抡劈拳

**7. 提膝挑掌（图7-46）**

（1）重心前移成右弓步，同时右拳变掌由下向上抡摆，左拳变掌稍下落，右掌心朝左。

（2）左、右臂在垂直面上由前向后各画立圆一周。右臂伸直停于头上，掌心朝左，掌指向上；左臂伸直停于身后成反勾手。同时，右腿屈膝提起，左腿挺膝直立。目视前方。

**8. 提膝劈掌弓步冲拳（图7-47）**

（1）下肢不动。右掌由上向下猛劈伸直，停于右小腿内侧，用力点在小指一侧；左勾手变掌，屈臂向前停于右上臂内侧，掌心朝左。目视右掌。

（2）右脚向右后落步，身体右转90°。同时，左掌变拳收至腰间，右臂内旋向右画弧做劈掌。

（3）上动不停，左腿蹬直成右弓步。右手抓握变拳收至腰间，左拳由腰间向左前方冲出。目视左拳。

图7-46　提膝挑掌　　　　　图7-47　提膝劈掌弓步冲拳

### （六）结束动作

**1. 虚步亮掌**（图 7-48）

（1）右脚蹬地提起扣于左膝后，两拳变掌，两臂右上左下屈肘交叉于体左前。目视前方。

（2）右脚向右后落步，重心后移，右腿半蹲，上体稍右转。同时右掌向上、向右、向下画弧停于左腋下；左掌向左、向上画弧停于右臂上与左胸前，两掌心左下右上。目视左掌。

图 7-48 虚步亮掌

（3）左脚尖稍向右移，右腿下蹲成左虚步。左臂伸直向左、向后画弧成反勾手；右臂伸直向下、向右、向上画弧抖亮掌，掌心朝前。目视左方。

**2. 并步对拳**（图 7-49）

（1）左腿后撤一步，同时两掌从两腰侧向前穿出伸直，掌心朝上。

（2）右腿后撤一步，同时两臂分别向体后下摆。

（3）左腿后退半步向右腿并步直立。两臂由后向上经体前屈臂下按，两掌变拳，停于腹前，拳面相对，拳心朝下。目视左方。

**3. 还原**（图 7-50）

两臂自然下垂，随之头转向正前方。两眼平视前方。

图 7-49 并步对拳

图 7-50 还原

# 第三节 24 式简化太极拳

## 一、动作名称

新中国成立后，推行简易太极拳，为了便于推广，1956 年原国家体育运动委员会（现国家体育总局）在杨式太极拳的基础上，化繁就简，编成 8 组 24 式"简化太极拳"。

第一组：起势，左、右野马分鬃，白鹤亮翅。

第二组：左、右搂膝拗步，手挥琵琶，左、右倒卷肱。

第三组：左揽雀尾，右揽雀尾。

第四组：单鞭，云手，单鞭。

第五组：高探马，右蹬脚，双峰贯耳，转身左蹬脚。

第六组：左下势独立，右下势独立。

第七组：左右穿梭，海底针，闪通臂。

第八组：转身搬拦捶，如封似闭，十字手，收势。

## 二、动作说明

### （一）第一组

**1. 起势（图7-51）**

（1）两脚并拢，身体自然直立，头颈正直。两臂自然下垂，两手指尖轻贴大腿外侧。眼向前平视。

（2）左脚向左慢慢开步，与肩同宽，脚尖向前。

（3）两臂慢慢向前平举，两手高与肩平，与肩同宽，手心向下。

（4）上体保持正直，两腿屈膝下蹲。同时两掌轻轻下按至腹前，两肘下垂与膝相对。眼平视前方。

图7-51　起势

**2. 左、右野马分鬃（图7-52）**

（1）上体微向右转，将身体重心移至右腿。同时右臂收在胸前平屈，手心向下，左手经体前向右下画弧放在右手下，手心向上，两手心相对成抱球状；左脚随即收到右脚内侧，脚尖点地。眼视右手。

图7-52　左、右野马分鬃

（2）上体微向左转，左脚向左前方迈出，同时左、右手随转体慢慢分别向左上、右下错开。眼视左手。

（3）上体继续左转，右脚跟后蹬，右腿自然伸直成左弓步。左、右手随转体继续向左上、右下分开。左手高与眼平，手心斜向上，肘微屈；右手落在右胯旁，肘也微屈，手心向下，指尖向前。眼视左手。

（4）上体慢慢后坐，身体重心移至右腿，左脚尖翘起，微向外撇（45°～60°），同时两手心相对成抱球状。

（5）左脚掌慢慢踏实，左腿慢慢前弓，身体左转，身体重心再移至左腿。同时左手翻转向下，左臂在胸前平屈，右手向左上画弧放在左手下，两手心相对成抱球状。右脚随即收到左脚内侧，脚尖点地。眼视左手。

（6）上体微右转，右腿向右前方迈出，同时左右手随转体慢慢分别向左下、右上错开。眼视右手。

（7）左腿自然伸直成右弓步，同时上体继续右转，左右手继续随转体分别慢慢向左下、右上分开。右手高与眼平，手心斜向上，肘微屈；左手落在左胯旁，肘也微屈，手心向下，指尖向前。眼视右手。

（8）与（4）动作相同，唯左右相反。

（9）与（5）动作相同，唯左右相反。

（10）与（6）动作相同，唯左右相反。

（11）与（7）动作相同，唯左右相反。

### 3. 白鹤亮翅（图7-53）

（1）上体微向左转，左手翻掌向下，左臂平屈胸前，右手向左上画弧，手心转向上，与左手相对成抱球状。眼视左手。

（2）右脚跟进半步，上体后坐，身体重心移至右腿。上体先向右转，面向右前方，眼视右手，然后左脚稍向前移，脚尖点地，成左虚步，同时上体再微向左转，面向前方，两手随转体慢慢向左下、右上分开。右手上提停于右额前，手心向左后方，左手落于左胯前，手心向下，指尖向前。眼平视前方。

图7-53 白鹤亮翅

## （二）第二组

### 1. 左、右搂膝拗步（图7-54）

（1）右手从体前下落，由下向后上方画弧举至右肩外侧，肘微屈，手与耳同高，手心斜向上；左手由左下向上、向右下方画弧至右胸前，手心斜向下。同时，上体先微向左再向右转，左脚收至右脚内侧，脚尖点地。眼视右手。

（2）上体左转，左脚向前（偏左）迈出成左弓步。同时，右手屈回由耳侧向前推出，高与鼻尖平；左手向下由左膝前搂过落于左胯旁，指尖向前。眼视右手。

（3）右腿慢慢屈膝，上体后坐，重心移至右腿，左脚尖翘起微向外撇，随后脚慢慢踏实，左腿前弓，身体左转，重心移至左腿，右脚收到左脚内侧，脚尖点地。同时，左手向外翻掌由左后向上画弧至左肩外侧，肘微屈，手与耳同高，手心斜向上；右手随转体向上、向左下画弧落于左胸前，手心斜向下。眼视左手。

（4）与（2）动作相同，唯左右相反。

（5）与（3）动作相同，唯左右相反。

（6）与（2）动作相同。

图 7-54　左、右搂膝拗步

### 2. 手挥琵琶（图 7-55）

（1）右脚跟进半步，上体后坐，重心移至右腿，上体半面向右转。

（2）左脚略提起稍向前移，变成左虚步，脚跟着地，脚尖翘起，膝部微屈。同时，左手由左下向上挑举，掌心向右，臂微屈；右手收回放在左臂肘部里侧，掌心向左。两手成侧立掌合于体前。眼视左手食指。

图 7-55　手挥琵琶

### 3. 左、右倒卷肱（图 7-56）

（1）上体右转，右手翻掌（手心向上）经腹前由下向后上方画弧平举，臂微屈，左手随即翻掌向上。视线随着向右转体先右视，再转向前方视左手。

（2）右臂屈肘折向前，右手由耳侧向前推出，手心向前，左臂屈肘后撤，手心向上，撤至左肋外侧。同时，左腿轻轻提起向后（偏左）退一步，脚掌先着地，然后全脚慢慢踏实，身体重心移到左腿，成右虚步，右脚随转体以脚掌为轴扭正。眼视右手。

（3）上体微向左转，同时左手随转体向后上方画弧平举，掌尖向上，右手随即翻掌，掌心向上。眼随转体先左视，再转向前方视右手。

（4）与（2）动作相同，唯左右相反。

（5）与（3）动作相同，唯左右相反。

（6）与（2）动作相同。

（7）与（3）动作相同。

（8）与（2）动作相同，唯左右相反。

图 7-56　左、右倒卷肱

### （三）第三组

#### 1. 左揽雀尾（图 7-57）

（1）上体微向右转，同时右手随转体向后上方画弧平举，手心向上。左手放松。眼视左手。

（2）身体继续向右转，左手自然下落，逐渐翻掌经腹前画弧至右肋前，手心向上；右臂屈肘，手心转向下，收至右胸前，两手相对成抱球状。同时，身体重心落在右腿，左脚收至右脚内侧，脚尖点地。

（3）上体微向左转，左脚向左前方迈出，上体继续向左转，右腿自然蹬直，左腿屈膝成左弓步。同时，左臂向左前方掤出（左臂平屈成弓形，用前臂外侧和手背向前方推出），高与肩平，手心向后；右手向右下落，放于右胯旁，手心向下，指尖向前。眼视左前臂。

（4）身体微向左转，左手随即前伸翻掌向下，右手翻掌向上，经腹前向上、向前伸至左前臂下方。然后两手下捋，即上体向右转，两手经腹前向右后上方画弧，直至右手心向上，高与肩平。左臂平屈胸前，手心向后，同时身体重心移至右腿。眼视右手。

（5）身体微向左转，右臂屈肘折回，右手附于左手腕里侧（相距约 5 厘米），上体继续向左转，双手同时向前慢慢挤出，左手心向后，右手心向前，左前臂要保持半圆。同时，身体重心逐渐前移变成左弓步。眼视左手腕部。

（6）左手翻掌，手心向下，右手经左腕上方向前、向右伸出，高与左手齐，手心向下，两手左、右分开，宽与肩同。然后右腿屈膝，上体慢慢后坐，身体重心移至右腿上，左脚尖翘起。同时，两臂屈肘回收至腹前，手心均向前下方。眼向前平视。

（7）上式不停，身体重心慢慢前移，同时两手向前、向上按出，掌心向前。左腿前弓成左弓步。眼平视前方。

图 7-57　左揽雀尾

### 2.右揽雀尾（图7-58）

（1）上体后坐并向右转，身体重心移至右腿，左脚尖里扣。右手向右平行画弧至右侧，然后由右下经腹前向左上画弧至左肋前，手心向上。左臂平屈胸前，左手掌心向下与右手成抱球状。同时，身体重心再移到左腿，右脚收到左脚内侧，脚尖点地。眼视左手。

（2）与"左揽雀尾"（3）动作相同，唯左右相反。

（3）与"左揽雀尾"（4）动作相同，唯左右相反。

（4）与"左揽雀尾"（5）动作相同，唯左右相反。

（5）与"左揽雀尾"（6）动作相同，唯左右相反。

（6）与"左揽雀尾"（7）动作相同，唯左右相反。

图7-58　右揽雀尾

### （四）第四组

### 1.单鞭（图7-59）

（1）上体后坐，重心逐渐移至左腿，右脚尖里扣。同时，上体左转，两手（左高右低）向左弧形运转，直至右臂平举，伸于身体左侧，手心向左，右手经腹前运至肋前，手心向后上方。眼视左手。

（2）重心再渐渐移至右腿，上体右转，左脚向右脚靠拢，脚尖点地。同时，右手向右上方画弧，至右侧方时变勾手，臂与肩平。左手向下经腹前向右上画弧停于右肩前，手心向里。眼视左手。

（3）上体微向左转，左脚向左侧前方迈出，右脚跟后蹬，成左弓步。在身体重心移向左腿的同时，左掌随上体的左转慢慢翻转向前推出，手心向前，手指与眼齐平，臂微屈。眼视左手。

图7-59　单鞭

### 2.云手（图7-60）

（1）重心移至右腿上，身体渐向右转，左脚尖里扣。左手经腹前向右上画弧至右肩前，手心斜向后，同时右手变掌，手心向右前。眼视左手。

（2）上体慢慢左转，重心随之逐渐左移。左手由脸前向左侧运转，手心渐渐转向左方；右手由右下经腹前向左上画弧至左肩前，手心斜向后。同时，右脚靠近左脚，成小开立步（两脚距离10～20厘米）。眼视右手。

（3）上体再向右转，同时左手经腹前向右上画弧至右肩前，手心斜向后；右手向右侧运转，手心翻转向右。随之，左腿向左横跨一步。眼视左手。

（4）与（2）动作相同。

（5）与（3）动作相同。

（6）与（2）动作相同。

图7-60　云手

### 3.单鞭（图7-61）

（1）上体向右转，右手随之向右运转至右侧方时变成勾手；左手经腹前向右上画弧至右肩前，手心向内。身体重心落在右腿，左脚尖点地。眼视左手。

（2）上体微向左转，左脚向左前侧方迈出，右脚跟后蹬，成左弓步。在身体重心移向左腿的同时，上体继续左转，左掌慢慢翻转向前推出，成"单鞭"式。

图7-61　单鞭

## （五）第五组

### 1.高探马（图7-62）

（1）右脚跟进半步，身体重心逐渐后移至右腿上。右勾手变成掌，两手心翻转向上，两肘微屈。同时，身体微向右转，左脚跟渐渐离地。眼视左前方。

（2）上体微向左转，面向左前方，右掌经右身旁向前推出，手心向前，手指与眼同高。左手收至左侧腰前，手心向上。同时，左脚微向前移，脚尖点地，成左虚步。眼视右手。

图7-62　高探马

### 2. 右蹬脚（图 7-63）

（1）左手手心向上，前伸至右手腕背面，两手相互交叉，随即向两侧分开并向下画弧，手心斜向下，同时左脚提起向左前侧方进步（脚尖稍外撇）。身体重心前移，右腿自然蹬直，成左弓步。眼视前方。

（2）两手由外圈向里圈画弧，两手交叉合抱于胸前，右手在外，手心均向后。同时，右脚向左脚靠拢，脚尖点地。眼平视右前方。

（3）两手臂左、右画弧，分开平举，肘部微屈，手心均向外。同时，右腿屈膝提起，右脚向右前方慢慢蹬出。眼视右手。

图 7-63　右蹬脚

### 3. 双峰贯耳（图 7-64）

（1）右腿收回，屈膝平举。左手由后向上、向前下落至体前，两手心均翻转向上，两手同时向下画弧分落于右膝两侧。眼视前方。

（2）右脚向右前方落下，重心渐渐前移，成右弓步，面向右前方。同时，两手下落，慢慢变拳，分别从两侧向上、向前画弧至面部前方，成钳形。两拳相对，高与耳齐，拳眼都斜向内下（两拳中间距离为 10 ～ 20 厘米）。眼视右拳。

图 7-64　双峰贯耳

### 4. 转身左蹬脚（图 7-65）

（1）左腿屈膝后坐，身体重心移至左腿，上体左转，右脚尖里扣。同时，两拳变掌，由上向左、右画弧分开平举，手心向前。眼视左手。

（2）身体重心再移至右腿，左脚收到右脚内侧，脚尖点地。同时，两手由外圈向里圈画弧合抱于胸前，左手在外，手心均向后。眼平视左方。

（3）两手臂左、右画弧分开平举，肘部微屈，手心均向外。同时，左腿屈膝提起，左脚向左前方慢慢蹬出。眼视左手。

图 7-65　转身左蹬脚

## （六）第六组

### 1. 左下势独立（图 7-66）

（1）左腿收回平屈，上体右转。右掌变成勾手，左掌向上、向右画弧下落，立于右肩前，掌心斜向后。眼视右手。

（2）右腿慢慢屈膝下蹲，左腿由内向左侧（偏后）伸出，成左仆步。左手下落（掌心向外）向左下顺左腿内侧向前穿出。眼视左手。

（3）身体重心前移，左脚跟为轴，脚尖尽量向外撇，左腿前弓，右腿后蹬，右脚尖里扣，上体微向左转并向前起身。同时，左臂继续向前伸出（立掌），掌心向右，右勾手下落，勾尖向后。眼视左手。

（4）右腿慢慢提起、平屈，成左独立式；同时右勾手变掌，并由后下方顺右腿外侧向前弧形上挑，屈臂立于右腿上方，肘与膝相对，手心向左。左手落于左胯旁，手心向下，指尖向前。眼视右手。

图 7-66　左下势独立

### 2. 右下势独立（图 7-67）

（1）右脚下落于左脚前，脚尖着地，然后以左脚前掌为轴，脚跟转动，身体随之左转。同时，左手向后平举变成勾手，右掌随着转体向左侧画弧，立于左肩前，掌心斜向后。眼视左手。

（2）与"左下势独立"（2）动作相同，唯左右相反。

（3）与"左下势独立"（3）动作相同，唯左右相反。

（4）与"左下势独立"（4）动作相同，唯左右相反。

图 7-67　右下势独立

## （七）第七组

### 1. 左、右穿梭（图 7-68）

（1）身体微向左转，左腿向前落地，脚尖外撇，右脚跟离地，两腿屈膝成半坐盘式。同时，两手在左胸前成抱球状（左上右下）。然后，右脚收到左脚内侧，脚尖点地。眼视左前臂。

（2）身体右转，右脚向右前方迈出，屈膝弓腿成右弓步。右手由脸前向上举并翻掌停架在右额前，手心斜向下；左手向左下再经体前向前推出，高与鼻尖平，手心向前。眼视左手。

（3）身体重心略向后移，右脚尖稍向外撇，随即身体重心再移到右腿。左脚跟进，停于右脚内侧，脚尖点地。同时，两手在胸前成抱球状（右上左下）。眼视右前臂。

（4）同（2）动作相同，唯左右相反。

图 7-68　左右穿梭

### 2. 海底针（图 7-69）

（1）右脚向前跟进，身体重心移至右腿，左脚稍向前移举步。右手下落经体前向后、向上提抽至肩上耳旁，左手下落于体前侧。

（2）左脚尖点地成左虚点，同时身体稍向右转。右手再随身体左转，由右耳旁斜向前下方插出，掌心向左，指尖斜向下。与此同时，左手向前、向下画弧落于左胯旁，手心向下，指尖向前。眼视前下方。

### 3. 闪通臂（图 7-70）

（1）上体稍向右转，左脚微回收举步，同时两手上提。眼视前方。

（2）左脚向前迈出，脚跟着地。左、右两手分别向左前、右后分开。左手心向前，右手心向外。眼视前方。

（3）重心前移，左腿屈膝弓成左弓步。同时，右手屈臂上举，停于右额前上方，掌心翻转斜向上，拇指朝下；左手由胸前随重心前移慢慢向前推出，高与鼻尖平，手心向前。眼视左手。

图 7-69　海底针　　　　　　图 7-70　闪通臂

## （八）第八组

### 1. 转身搬拦捶（图 7-71）

（1）上体后坐，身体重心移至右腿，左脚尖里扣。身体向右后转，然后身体重心再移至左腿。与此同时，右手随着转体向右、向下（变拳）经腹前画弧至左肋旁，拳心向下。左掌上举于头前，掌心斜向上。眼视前方。

（2）向右转体，右拳经胸前向前翻转撇出，拳心向上；左手落于左胯旁，掌心向下，指尖向前。同时，右脚收回后（不要停顿或脚尖点地）即向前迈出，脚尖外撇。眼视右拳。

（3）身体重心移至右腿上，左腿向前迈出一步。左手上起经左侧向前上画弧拦出，掌心向前上方。右拳向右画弧收到右腰旁，拳心向上。眼视左手。

（4）左腿前弓成左弓步，同时右拳向前打出，拳眼向上，高与胸平，左手附于右前臂里侧。眼视右拳。

图 7-71　转身搬拦捶

### 2. 如封似闭（图 7-72）

（1）左手由右腕下向前伸出，右拳变掌，两手手心逐渐翻转向上并慢慢分开回收。同时，身体后坐，左脚尖翘起，身体重心移至右腿。眼视前方。

（2）两手在胸前翻掌，向下经腹前再向上、向前推出。腕部与肩平，手心向前。同时，左腿前弓成左弓步。眼视前方。

图 7-72　如封似闭

### 3. 十字手（图 7-73）

（1）屈膝后坐，身体重心移向右腿，左脚尖里扣，向右转体。右手随着转体动作向右平摆画弧，与左手成两臂侧平举，掌心向前，肘部微屈。同时右脚尖随着转体稍向外撇，成右侧弓步。眼视右手。

（2）身体重心慢慢移至左腿，右脚尖里扣，随即向左收回，两脚距离与肩同宽，两腿逐渐蹬直，成开立步。同时两手向下经腹前向上画弧交叉合抱于胸前，两臂撑圆，腕高与肩平，右手在外，成十字手，手心均向后。眼视前方。

图 7-73　十字手

### 4. 收势（图 7-74）

（1）两手向外翻掌，手心向下，两臂慢慢下落，停于腹前。眼视前方。

（2）两腿缓缓蹬直，同时两掌慢慢下落至大腿侧，然后收左脚成并步直立。眼视前方。

图 7-74　收势

## 📖 课后训练

1. 简述武术的特点、作用。

2. 武术基本规则有哪些？

# 第八章

# 游　泳

## 第一节　游泳概述

　　游泳是人在水中做动作及其在水中产生的反作用力进行运动的一种体育技能。它不仅是广大青少年喜爱的运动项目，也是适合男女老幼锻炼的一项体育活动。游泳是在水中进行的全身运动的活动，由于人在水中不能像在陆地上那样自然地呼吸，其生理环境发生了很大的变化，同时又要克服水的阻力，所以，游泳运动能增强人体心血管系统、呼吸系统、神经系统和消化系统的功能，促进人体新陈代谢，提高人的协调性、肌肉力量和耐久力，以及耐寒能力。对于身体瘦弱的人和许多慢性病患者来说，游泳还是一种有效的体育医疗手段。游泳已成为一项大众喜爱的体育锻炼项目，对于丰富人们的精神文化生活有着积极的作用。

　　游泳产生于居住在江、河、湖、海一带的原始群落。原始部落的人为了生存，必须要在水中捕捉水鸟和鱼类充当食物。通过观察和模仿鱼类、青蛙等动物在水中游动的动作，他们逐渐学会了游泳。现代游泳运动起源于英国。17 世纪 60 年代，英国不少地区的游泳活动就开展得相当火爆。18 世纪初传到法国，继而成为风靡欧洲的运动。1837 年，英国伦敦成立了第一个游泳组织，同时举办了英国最早的游泳比赛。1869 年 1 月，伦敦成立了大城市游泳俱乐部联合会（现"英国业余游泳协会"的前身），并把游泳正式确立为一个专门的运动项目。随后游泳传入英国各殖民地，继而传遍全世界。1894 年 6 月 16 日，当国际奥林匹克代表大会在巴黎召开时，游泳已被列为当年的奥运项目之一，但该届奥运会只举行了 100 米、500 米和 1200 米自由泳 3 个项目的比赛。1900 年第 2 届奥运会增加了仰泳项目。1904 年第 3 届奥运会又增加了蛙泳项目。1908 年第 4 届奥运会召开时，成立了国际业余游泳联合会（简称"国际游联"，审定了各项游泳世界纪录，制定了国际游泳比赛规则）。1912 年第 5 届奥运会召开时，增设了女子比赛项目。到 1952 年第 15 届奥运会召开时，已经确定了自由泳、仰泳、蛙泳、蝶泳 4 种泳势。游泳现已成为奥运会上令人瞩目的大项之一。现在，世界性的游泳大赛有奥运会游泳比赛、世界游泳锦标赛、世界短池游泳锦标赛等。这些重大比赛，促进了各国运动员之间的交流，推动着世界竞技游泳运动不断向前发展。随着各项游泳技术的完善，训练方法和手段的更新及高科技的应用，游泳成绩迅速提高，世界纪录屡被打破。

总体来说，欧美等国仍是游泳强国，我国游泳运动的水平正在迎头赶上，在许多大赛中也时有不俗的表现。2011年在上海举行的第14届国际泳联世界游泳锦标赛上，我国游泳健儿发挥出色，以15金13银8铜的成绩位居第二，其中叶诗文获得女子200米蛙泳冠军，赵菁获得女子100米仰泳冠军，焦刘洋获得女子200米蝶泳冠军，男子4×200米自由泳接力获得季军，孙杨不仅获得男子400米自由泳亚军和男子800米自由泳冠军，还在男子1500米自由泳比赛中，以14分34秒14的成绩夺得冠军，打破了尘封10年的世界纪录。在2012年的伦敦奥运会上，我国游泳健儿们奋勇拼搏，最终获得5金2银3铜，创造了中国游泳队自1984年参加奥运会以来的最好成绩。其中，孙杨获得男子400米自由泳金牌、男子1500米自由泳金牌、男子200米自由泳银牌和男子4×200米自由泳接力铜牌，一人独得2金1银1铜，并且两次打破世界纪录；叶诗文在女子400米个人混合泳和女子200米个人混合泳两夺金牌，而且一次打破世界纪录，一次打破奥运会纪录。2014年仁川亚运会上，中国游泳队获得了该项目38枚金牌中的22枚。男子400米自由泳中，孙杨力挽狂澜获得冠军；男子1500米自由泳决赛中，孙杨以巨大优势夺得冠军。2015年4月9日至16日在陕西宝鸡举办的全国游泳冠军赛暨世锦选拔赛上，孙杨四金收官，叶诗文在女子400米个人混合泳决赛中夺冠，宁泽涛在男子100米自由泳中摘得金牌。

# 第二节　游泳基本技术

## 一、自由泳

### （一）身体姿势

自由泳时，身体要尽量保持俯卧。但是为了取得更好的动作效果，头部应自然稍抬，两眼注视前下方，头的1/3露出水面，水平面接近发际，双腿处于最低点，身体纵轴与水平面成3°～5°的仰角（图8-1）。

自由泳时，游泳者围绕身体纵轴做有节奏的转动，转动的角度一般为35°～45°（图8-2）。如果速度加快，角度就会相对减小。这种转动是由划臂、转头和吸气而形成的自然转动，并不是有意识地完成的转动。转动所带来的好处有以下几点：①便于手臂出水和空中移臂并缩短移臂的转动半径；②使手臂划水的最有力部分更接近于身体中心的垂直投影面，有助于手臂在水中抱水和划水；③由于臀部随身体轻度地转动，腿打水时产生的部分侧向力可以抵消移臂时造成的身体侧向偏离的影响，以维持身体平衡；④便于呼吸。

图8-1　自由泳侧面身体姿势

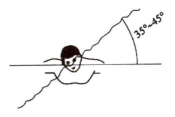

图8-2　自由泳正面身体姿势

在游进的过程中，游泳者随着转头呼吸和臂的动作，形成绕身体纵轴的转动；在转动时，仍保持身体伸直，避免左右摇摆。两腿打水的方向应随着身体转动而作相应的变化。

### （二）腿部技术

在自由泳技术中，大腿动作除了产生推动力外，主要起维持身体平衡的作用，它能使下肢抬高并协调配合双臂有力地划水。

自由泳腿的打水方向几乎与水平面垂直，从垂直面看，两腿分开的距离为 30～40 厘米，膝关节弯曲的角度约为 160°（图 8-3）。

图 8-3　自由泳腿部技术

在向前游的过程中，腿向上打水时，脚应接近水平；向下打水时，脚不超过身体在水中的最低部位。正确的打水动作是脚稍向内旋，踝关节自然放松，向上和向下的打水动作从髋关节开始，大腿用力，通过整个腿部，最后到脚，形成一个"鞭状"打水动作。向下打水的效果最大，因此，应用较大的力和较快的速度进行。而向上打水则要求放松、自然，尽量少用力，并且速度相对要慢。

从腿向上动作开始，当大腿带动小腿，从下直腿向上移至踝关节、膝关节、髋关节与水平面平行时，大腿稍向上进而终止移动并开始向下打水。当大腿开始向下打水时，由于惯性的作用，此时小腿和脚仍继续向上移动，使膝关节弯曲形成一个大约 160° 的角。这使小腿和脚达到了最高点。大腿继续向下移动，继而带动小腿和脚完成向下打水动作。

当大腿向下打水到最低点并向上抬起时，小腿、脚与大腿仍保持一个角度并继续向下移动打水，直至完全伸直为止，小腿才随大腿向上移动，开始第二个循环动作。

### （三）臂部技术

自由泳的臂部动作可分为入水、抱水、划水、出水和空中移臂 5 个步骤，但各步骤间应保持连贯，没有明显停顿。

#### 1. 入水

手臂的入水点一般在肩的延长线或身体纵轴与肩的延长线之间（图 8-4）。入水时，手指自然伸直并拢，肘部高于手，指尖对着入水的前下方或通过臂的内旋而使手掌向外，拇指向下，切入水中。

图 8-4　自由泳臂部技术 —— 入水（一）

手切入水后，手和小臂继续向前下方伸展，手由向前、向下、稍向内的运动变为向前、向下、稍向外的运动（图 8-5）。

图 8-5 自由泳臂部技术 —— 入水（二）

### 2．抱水

手臂入水后与水平面成 40° 左右时，游泳者才进入有效的划水阶段。因此，在划水之前应有一个抱水阶段，目的是做好划水前的准备。抱水动作是手入水后，积极插向前下方，并逐渐开始屈腕、屈肘抱水，并保持高肘为划水做准备。

### 3．划水

以手臂在前方与水平面成 40° 起至手臂在后方与水平面成 15°～20° 止的运动过程都是划水动作。它分为两个阶段：从抱水结束到划至与水面垂直之前称为"拉水"，过垂直面后称为"推水"。拉水时，应保持高肘姿势，手向内、向上、向后运动。当拉水结束时，手在体下接近中线，这时，肘关节弯曲的角度为 90°～120°，小臂由外旋转为内旋，掌心由向内后方变为向外后方（图 8-6）。向后推水是通过从屈臂到伸臂的变化来完成的。在推水的过程中，手向外、向上、向后运动。肘关节要向上、向体侧靠近，并且手掌始终要与水平面保持垂直。

图 8-6 自由泳臂部技术——划水

在整个划水过程中，肩部应配合手臂进行向前、向下、向后的合理转动，这样有利于加长划水路线和加大划水力量。

### 4．出水

划水结束后，利用肩带肌肉的力量，把前臂、肘向外上方提拉出水面。手臂和手腕的肌肉要放松。

### 5．空中移臂

手臂出水后，由肩带动上臂、前臂和手做高肘快速移臂。整个移臂过程的前半部分是肘关节领先，前臂相对慢，后半部分前臂向前伸出做入水准备。

## （四）完整配合技术

游自由泳时，呼吸、手臂和腿的配合比例主要有 3 种，分别是 1（呼吸次数，下同）：2（手臂动作次数，下同）：2（打腿次数，下同）、1：2：4 和 1：2：6，其区别为打腿次数的不同。一般来说，6 次打腿技术能保障身体的稳定性，保持臂、腿的协调配合，适于初学者练习。

### 1．两臂配合

自由泳时，两臂的正确配合是保障前进速度均匀的重要条件，并且还有利于带动肩带肌肉的力量积极参与划水。根据划水时两臂所处的位置，可以把手臂的配合技术分为 3 种，即前交叉、中交叉和后交叉（图 8-7）。

前交叉：一臂入水，另一臂处于肩前方。与水平面约成 30°。

中交叉：一臂入水，另一臂处于肩下部位，与水平面约成 90°。

后交叉：一臂入水，另一臂处于腹下至划水快结束的部位。

3 种配合形式各有其特点，第一种滑行长，速度均匀性差，动作频率慢，但对初学者来说易掌握，尤其是其呼吸动作容易掌握。第二、第三种配合形式有利于发挥两臂力量和提高动作频率，加快速度，保持均匀的推进力。

图 8-7　自由泳两臂完整配合技术

### 2．两臂和呼吸的配合

自由泳技术中的呼吸技术较为复杂，呼吸技术的好坏将直接影响划水力量、速度和耐力的发挥。

一般是两臂各划一次后做一次呼吸。吸气时，头随着肩、身体的纵向转动转向一侧，使头在低于水面的波谷中吸气。此时，同侧臂正处在出水转入移臂的阶段。移臂时，头转向正常位置。同侧臂入水时，开始慢慢呼气并逐渐用力加快呼气的速度。初学者的呼吸与臂的配合尚未熟练，常常可以多划几次臂再换气。运动员的呼吸则视游距和运动员的训练水平而定，长距离多为两划一换或三划一换，短距离则多划几次臂才换气一次。

## 二、仰泳

仰泳是身体较水平地仰卧于水中，依靠两腿不停地上下交替向后方踢水，两臂轮流向后划水而游进的泳姿。仰泳的动作结构基本与自由泳相同，但卧水姿势与自由泳相反。仰泳有一定的实用价值，在水中拖运较轻的物体、水中救人或长游时通常都采用仰泳。

### （一）身体姿势

仰泳时，身体几乎水平地仰卧在水中，胸部自然伸展，与腹部成一直线，身体纵轴与水平面构成 10° 角，从而减小游进时的截面阻力。髋关节微屈，两腿较平地伸延在后面，后脑浸入水中，颈部肌肉放松，脸部露出水面，眼看向斜后方，头应保持相对稳定，不要上下左右晃动（图 8-8）。

图 8-8　仰泳身体姿势

### （二）腿部动作

#### 1．下压动作

腿向下压的动作是借助于臀部肌群的收缩来完成的。在整个腿下压动作中的前 2/3，水的阻力使膝关节充分展开，腿部肌肉放松。当大腿下压到一定程度时，由于腹肌和腰肌的控制，大腿停止向下，而过渡到向上移动。由于惯性的作用，小腿仍然继续向下，而造成膝关节弯曲，所以在腿下压的后 1/3 是屈腿的。随着惯性的逐渐减弱和大腿的带动，小腿也开始向上移动。但此时脚继续向下，直到惯性消失。大腿、小腿和脚依次结束向下的动作，构成向下"鞭打"的动作。下压的动作因为不产生推进力，因此速度不要求太快，并且腿部各关节要自然放松。

### 2．上踢动作

当腿部下压动作结束时，由于水对小腿的阻力和大腿肌肉的牵制，大腿与小腿构成 135°～140°，小腿与水平面成 40°～45°。此时，小腿弯曲到最大限度，小腿和脚与水面的角度较大。上踢时，腿部快速、用力地向上移动，并逐渐加大到最大力量和速度。当大腿超过水平面，大腿即结束向上的动作，此时膝关节接近水面。随后，小腿和脚也依次结束向上动作，使膝关节充分伸展，做好向下"鞭打"的准备。上踢动作是通过大腿带动小腿、小腿带动脚来完成的，并且在任何情况下，尽量不要使膝关节或脚尖露出水面。上踢时，脚尖应内旋，以加大击水面积（图 8-9）。

### （三）臂部动作

仰泳的臂部动作与自由泳一样，都是产生前进力量的主要因素。两臂的动作基本相同，目前的游泳比赛都采用屈臂划水技术。为了便于分析，把一个周期的臂部动作分为入水、抱水、划水、出水和空中移臂 5 个环节。它们之间是连贯的。

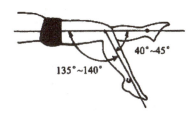

图 8-9  仰泳腿部上踢动作

### 1．入水

臂入水时，应借助移臂动作的惯性，臂部自然放松，入水点应在身体纵轴与肩的延长线之间或在肩的延长线上。过宽和过窄都会影响速度。

臂入水时应保持直臂，肘部不要弯曲，入水时小指向下，拇指向上，掌心向侧后方。手掌与小臂成 150°～160°。

### 2．抱水

手臂入水后，臂下滑到一定深度时直臂向内，往深水处积极抓水，并转腕和肩带内旋，同时开始屈臂，使手掌、上臂和前臂处在最有利的划水位置。完成抱水动作时臂与身体纵轴构成约 40°，肘关节开始弯曲，手掌距水面约 30 厘米。

### 3．划水

仰泳的划水动作是推进身体前进的主要动力。整个动作从屈臂抱水开始，向后划水到大腿侧下方为止。划水动作由拉水和推水两个部分组成。

拉水：拉水时，肘关节应屈成约 150°（使手掌和小臂都达到良好的对准水的姿势）。随着划水力量的加大，屈肘角度也应逐渐减少。当划至肩部垂直平面时，手掌离水面 15 厘米左右，小臂和大臂形成 90°～110°。

推水：推水时，应充分利用拉水的速度和划水面，使整个手臂同时用力向下方做推压的动作，并利用推水的惯性，使大臂带动小臂和手加速内旋推水，并以手的下压结束推水动作，这时手掌在大腿侧下方，离水面 45～50 厘米。

从仰泳的整个臂部动作可以看出，手掌因在不同部位时所处的深度不同，所以在整个划水动作中形成一个"S"形路线。

### 4．出水

推水结束后，借助手掌压水的反作用力迅速提臂出水。出水时手形有多种：其一，手背先出水；其二，大拇指先出水；其三，小拇指先出水。这三种手形各有利弊，相对来说，最后一种较好。注意使手臂自然、放松、迅速，并且要先压水后提肩，待肩部露出水面后，由肩带动臂、臂和手依次出水。

### 5．空中移臂

手臂出水后，臂自然伸直，向后移动，入水前，手臂向内旋转，掌心朝外，肩关节充分伸展，准备入水。

## （四）完整动作

### 1．两臂配合技术

仰泳两臂的配合是"连接式"的，即当一臂划水结束时，另一臂已入水并开始划水；一臂处于划水的中部，另一臂正处于移动的一半。在整个臂的动作过程中，两臂几乎都处在完全相反的位置。

### 2．臂和呼吸的配合

仰泳的呼吸相对来说比较简单，一般是两次划水一次呼吸，即一臂移动时开始吸气，其他时候都在慢慢地呼气。在高速游进时也采用一次划水一次呼吸的技术，但是呼吸不能过于频繁，否则会引起呼吸不充分，造成动作紊乱。

### 3．臂腿配合技术

臂腿配合是否合理将影响整个动作的平衡和协调自然。在用臂划水的过程中，要避免腿的上踢、下压动作带来的身体的过分转动，以保持身体的平衡、协调为原则。

## 📝 课后训练

1．简述游泳的特点、作用。
2．简述游泳的基本规则、基本技术。
3．简述室内游泳和室外游泳的区别和游泳安全要点。

# 第九章
# 休闲体育

## 第一节　定向越野

### 一、定向越野概述

定向运动就是利用一张详细精确的地图和一个指北针，尽量以最短时间按顺序到访地图上所指示的各个点标。定向运动通常在森林、郊外和城市公园里进行，也可在大学校园里进行。一条标准的定向路线包括一个起点、一个终点和一系列点标。

定向越野是定向运动的主要比赛项目之一，参赛者要依靠标有若干检查点和方向线的地图和指北针，自己选择行进路线，依次寻找各个检查点，用最短时间徒步完成比赛者胜。活动的组织方法简便，不仅可以提高人在野外判定方向及学习使用地图的能力，还能够培养和锻炼人的勇敢、顽强精神，提高人的智力、体力水平。定向运动不像其他体育项目那样对场地与器材有较高要求，并且娱乐性与实用性兼具，因此它日益受到军队的重视，并且很快地在民间流传开来。

### 二、定向越野的基本定向技术

#### （一）地图正置及拇指辅行法

先将地图正置，把拇指放在地图上自己所处的位置，可快速判断自己前进的方向，并清楚地观察四周的环境及地理特征。前进时，拇指随着移动，当改变前进方向时，地图也要随着转动，即保持地图北向朝向正北方。这样，在任何时候都能立即指出自己在地图中的位置，可节省不少时间和精力。

#### （二）利用指北针

利用指北针，准确地找出目标的方向。每次前往目标前，可先观察目标周围的地势，加深印象，以便快速、准确地到达目的地。

### （三）扶手法

利用明显的地理特征如小径、围栏、高压线等作引导，前进时可更具信心。

### （四）收集途中所遇特征

辨别前往检查点途中所遇到的地理特征，确保前进方向及路线正确。切勿误认相似的特征。

### （五）数步测距

先在地图上度量两点间的距离，然后利用步幅准确地测量要走的路程。方法：①先度量走100米时所需步行的步数（假定为120步）；②再确定地图上 A 点到 B 点的距离，如为150米，便可推算出应走180步。为了减少数步的烦琐，可利用"双步数"计步，只数右脚落地的一步。上述例子，按双步数计为90步。

### （六）目标偏测

利用指北针前进，把目标偏移，当到达目标的上面或下面时，才沿"扶手"进入目标。

除比赛时经常运用上述基本技术外，还要进行赛后检讨，找出常犯的错误和原因，改善自身的定向技术。初学者应多从基本技术下功夫，切勿操之过急。

## 三、定向越野比赛规则

### （一）犯规

有下列行为之一即视为犯规，应取消比赛资格。

（1）有意妨碍他人比赛（包括犯有同一性质的其他任何不良言行）。

（2）蓄意损坏点标、点签和其他比赛设施。

（3）比赛中搭乘交通工具行进。

（4）未通过全部检查点，而又伪造点签图案。

### （二）违例

有下列行为之一即视为违例，应给予警告。裁判人员将根据违例的性质和程度，采取从降低成绩直到取消比赛资格的处罚。

（1）在出发区越位（提前）取图并抢先出发者。

（2）接受别人的帮助，如指路、寻找点标、使用点签。

（3）为别人提供帮助，如指路、寻找点标、使用点签。

（4）为从对手的技术中获利，故意在比赛中与对手同路或跟进。

（5）故意不按比赛规定顺序行进。

（6）不按规定位置佩戴号码布。

（7）有其他违反比赛规则行为。

### （三）成绩无效

有下述情况之一者，比赛成绩将被判为无效。

（1）有证据表明在比赛前勘察过路线者。

（2）未通过全部检查点，即检查卡片上点签图案不全者。

（3）点签图案模糊不清，确实无法辨认者。

（4）在检查卡片上不按规定位置使用点签者。

（5）在比赛结束（指终点关闭）前不交回检查片者。

（6）超过比赛规定的终点关闭时间（检查点一般也在同一时间撤收）而尚未返回会场者。如确系迷失方向，应向附近任意一条大路或原检查点位置靠拢，等候工作人员的处置。

（7）有意无意地造成国家或他人的重大经济损失和破坏自然风景者。由此带来的一切后果，均由肇事人承担。

### （四）特殊情况的处置办法——仲裁方法

在定向越野比赛中，某些特殊的情况可能会出现，例如：

（1）检查点被无关人员拿走或遭自然破坏；

（2）检查点的位置与图上的位置不符；

（3）个人或团体的成绩完全相同。

对于这类问题，赛事组织者通常应在比赛前的准备阶段仔细地研究，确定处置办法，形成文字并列入竞赛规程。如果某一问题未被预及，则应由裁判长决定处置办法。

# 第二节　攀岩运动

## 一、攀岩运动概述

攀岩运动是从登山运动中衍生出来的竞技运动项目。1974 年，该运动被列入世界比赛项目。进入 20 世纪 80 年代，以难度攀登为代表的现代竞技攀登比赛开始兴起，并引起人们广泛的兴趣。1985 年，意大利举行了第一届难度攀登比赛。1988 年 6 月，国际竞技攀登比赛在美国举行。1989 年，首届世界杯分阶段赛在法国、英国、西班牙、意大利、保加利亚和苏联举行。运动员参加各地比赛，最后累计总成绩，进行排名。世界杯攀岩比赛每年举行一次。

1987 年，中国登山队协会派出 8 名教练和队员去日本长野系统地学习攀岩。他们回国后，于当年 10 月在北京怀柔大水裕水库自然岩壁举办了攀岩比赛。

1993 年，攀岩比赛被国家体委列入正式比赛项目，同年 9 月，第一届全国攀岩锦标赛在长春举行。此后，中国攀岩运动有了长足发展。

## 二、攀岩运动基本技术及练习方法

### （一）攀岩运动基本技术

1. 攀岩动作分类

（1）抓。用手抓住岩石的凸起部分。

（2）抠。用手抠住岩石的棱角、缝隙和边缘。

（3）拉。在抓住前上方牢固支点的前提下，小臂贴于岩壁，抠住石缝，用力下拉并引体向上。

（4）撑。利用台阶、缝隙或其他地形，以大臂和小臂使身体向上或左右移动。

（5）推。利用侧面、下面的岩体或物体，以手臂的力量使身体移动。

（6）张。将手伸进缝隙里，用手掌或手指屈张开，以岩石的缝隙作为支点，移动身体。

（7）蹬。用前脚掌内侧或脚趾的蹬力把身体支撑起来，减轻上肢的负担。

（8）跨。利用自身的柔韧性，避开难点，寻求有利的支撑点。

（9）挂。用脚尖或脚跟挂住岩石，维持身体平衡，使身体移动。

（10）踏。将脚前部踏在较大的支点上，减轻上肢的负担，移动身体。

### 2. 攀登悬崖峭壁的基本技术

徒手攀岩技术的难度主要体现在第一人攀登的过程中。第一人攀登指利用自然支点和人为支点（打入岩石的钢锥）进行攀登。它的基本要领是"三点固定"，其方法为：攀登岩石峭壁时，身体要自然放松，以3个支点稳定身体重心，而重心要随攀登动作的转换来移动，这是攀岩能否稳定、平衡、省力的关键。要想身体放松就要根据岩壁的陡缓程度，使身体和岩壁保持一定的距离，靠得太近，会影响观察攀岩路线和选择支点，但在攀登人工岩壁时要贴得很近。在自然岩壁攀登时，上、下肢要协调舒展，攀岩要有节奏，上拉、下蹬要同时用力，身体的重心一定要落在脚上，保持面向岩壁、三点固定支撑、直立于岩壁上的攀登姿势。攀登者要利用专门的保护装置，携带足够的钢锥，沿路打入岩壁，作为人为支点。各个支点间的距离不宜过密，以超过 0.5 米为宜。这种人为支点不仅可防止攀登者滑脱，而且通过保护装置可使胸部或腹部多一个支点，攀岩人借此可腾出双手安全地进行打锥等操作。为了省时省力、减轻劳动强度，可携带一些小挂梯（脚蹬）交替地挂于相应的人为支点上，从而可减少人为支点的数量。第一人登上峭壁顶部后，根据要求从上方固定好绳索，采取上方保护的方法使后继者能比较安全地登顶。

（1）手臂的动作。在攀登中手是抓住支点、维持身体平衡的关键，手臂力量的大小直接影响攀登的质量和效果。因此，一个优秀的攀岩运动员必须有足够的指力、腕力和臂力。对初学者来说，在不善于充分利用下肢力量的情况下，手臂的动作就显得更为重要。手臂用力方法，在人工岩壁攀登和自然岩壁攀登时有所不同。攀登人工岩壁要求第一指关节用力抠紧支点的同时，手腕紧张，手掌要贴在岩壁上，小臂也要随手掌紧贴岩壁而下垂，在引体时，手指（握点）有下压抬臂动作，重心活动轨迹变化不大，动作变化不大，节奏明显。但攀登自然岩壁时其动作变化就很大，要根据支点不同采用各种用力方法，如抓、握、挂、抠、扒、捏、拉、推压、撑等。

（2）脚的动作。一个优秀攀岩运动员的攀登技术发挥得好坏，关键是两腿的力量能否被充分利用。只靠手臂力量攀登不可能持久。脚的动作要领是，两腿外旋，大脚趾内侧贴近岩面，两腿微屈，通过脚踩支点维持身体重心，在自然岩壁支点大小不一和方向不同的情况下，要灵活运用攀登技巧。膝部不要接触岩石面，否则会影响到脚的支撑和身体的平衡，甚至会造成滑脱而使膝部受伤。另外，在用脚踩支点时，切忌用力过猛，并要掌握用力的方向。

（3）手脚配合。凡优秀的攀岩运动员，其上、下肢力量是协调运用的。对初学者或技术还不熟练的运动员来说，上肢力量显得更为重要，攀登时往往是通过上肢引体、下肢蹬压抬腿来移动身体。如果上肢力量差，攀登时就容易疲劳，表现为手臂无力、酸疼麻木、逐渐失去抓握能力。失去抓握能力后，即便有好的下肢力量，也难以继续维持身体平衡。所以学习攀岩，首先要练好上肢力量，上肢力量又以手指和手腕、手臂力量为主，再配合以脚腕、脚趾及腿部的力量，使身体的重心随着用力方向的不同而协调地移动，从而使手脚动作配合自如。

### （二）攀岩练习方法

#### 1．尽量节省手部力量

攀岩是用手和脚，通过寻找岩面上一切可利用的支点，克服攀爬者自身及所携带器械的重力向上进行攀登的运动。所有攀爬者均应该有一定的手臂、手指、指尖及腰腹力量。由于手臂力量相对有限，在攀登的过程中，攀爬者应尽量使用腿部力量，而节省手的力量。

#### 2．控制好重心

控制重心平衡是攀岩过程中最为关键的问题，重心控制得好就省力；反之，就会消耗许多不必要的力量，同时影响整个攀登过程。

攀岩中，应明确地意识到自己重心的位置，灵活地控制重心的移动。移动重心的主要目的是在动作中减轻双手的负荷，保持身体平衡。初学者练习时动作大多十分盲目，不知道体会动作的奥妙，一心只想提升高度。其实初学者最好不要急于爬高，而应先做一段时间的平移练习，即水平地从岩壁一侧移到另一侧，体会重心、平衡、手脚的运用等基本技术。在最基本的三点固定、单手换点时，一般将重心向对侧移动，使手在没离开原支点之前就已经没有负荷，可以轻松出手。横向移动时，要把重心向下沉，使双手吊在支点上而不是费力地抠拉支点。一般情况下，应把双脚踩实，再伸手够下一支点，而不要脚下虚踩，靠手的上拉使身体上移。一定要注意体会用腿的力量顶起重心，手只是在上移时用来维持平衡。一般而言，身体要尽量贴近岩壁但一些高手往往离岩壁很远，这是因为他们常用的侧拉、手脚同点、平衡身体等技术动作的准备动作需要与岩壁间有一定空间才能完成，但他们在上升的那一刻，身体仍会贴向岩面。通常重心调节主要由推拉腰胯和腿平衡来完成。腰是人体的中心，它的移动直接移动重心，较大地移动往往形成一些很漂亮的动作。把腿横向伸出，利用腿脚的重量来平衡身体也是常见的做法。

#### 3．侧拉

侧拉是一项很重要的技术动作，它能最大限度地节省上肢力量，使一些原本困难的支点可以轻易达到，该技术尤其在过仰角地段时被大量采用。其基本技术要点是身体侧向岩壁，以身体一侧手脚接触岩壁，另一只腿伸直用来调节身体平衡，靠单腿的力量把身体顶起，抓握上方支点。以左手抓握支点不动为例，身体朝左，右腿弯曲踩在支点上，左腿用来保持平衡，右腿蹬支点发力，右手伸出抓握上方支点。在人的身体结构中，膝盖是向前弯的，若面对岩壁，抬腿踩点必然要把身体顶出来，改为身体侧向岩壁就可以很好地解决这一问题。身体靠墙，不仅将重心移至脚上，而且可利用上身的高度，达到更高的支点。做侧拉动作时，有以下方面应当注意：身体侧向岩壁，踩点脚应以脚尖外侧踩点，不要踩得过多，以利换脚或转身。若此点较高，可侧身后双手拉牢支点，臀部向后坠，加大腰前空间，抬脚踩点，再双手使劲把重心拉回到这只脚上，另一条腿抬起，不踩点，以保持平衡，固定手只负责把身体拉向岩壁，身体完全由单腿发力顶起，不靠手拉，以节省手臂力量。发力前把腰肋顶向岩壁，将重心移至脚上，千万不能松垮垮地坠着，这点在攀仰角时尤应注意。移动手应在发力前就向上举起，把肋部贴向岩面，否则蹬起后再把手从下划到头上，中间必会把身体顶离岩壁，加大固定手的负担。一次侧拉结束后，视支点位置可做第二个连续侧拉，双手抓稳后，以发力脚为轴做转体，脸转向对侧，平衡腿在发力腿前交叉而过，以脚尖外侧踩下一支点，这时平衡腿变成了发力腿，移动手变成了固定手。做下一次侧拉动作期间，脚发力，踩点一定要少，否则不易做转体动作。侧拉主要在过仰角及支点排列近于直线时使用。

### 4. 手脚同点

手脚同点是指当一些手点高度在腰部附近时，把同侧脚也踩到此点，身体向上向前压，把重心移到脚上，发力蹬起，手伸出抓握下一个支点的同时用另一只手来保持平衡的一种技术动作。手脚同点需要的岩壁支点较少，且身体上升幅度大，做此动作时有以下几点需要注意：若支点较高，应将身体稍侧转，面向支点，腰胯贴墙向后坠，腾出空间抬腿，不要面向岩壁直接抬腿。脚踩实后，另一只脚和双手发力，把重心前送，压到前脚上，单腿发力顶起身体，同点手放开原支点，从侧面滑上，抓握下一支点，另一只手固定不动调整身体平衡。手脚同点技术主要用在支点比较稀少的线路上。

### 5. 节奏

攀岩讲究节奏，讲究动作的快慢和衔接。每个动作完成后，身体都有一定的惯性，如果动作正确到位，身体平衡自然不成问题，这时可以利用这一惯性直接冲击下一支点，两个动作间不做停顿，这样可以轻松地通过很困难的一些支点。如果每次动作都做停顿，一动一停，每个动作前都要先移动重心、调节平衡，然后从零开始发力，必然导致体力消耗过大。动作要连贯且准确，各个细节要到位，上升时一定要由脚发力，不能为快而手拉脚蹬，手主要用作保持平衡和把身体拉向岩壁。动作不要求太快，要连贯。每个动作做实，一般做一两个连贯动作稍稍停顿，调整重心，观察选择路线，困难地段快速通过，容易地段稳定、调整。连贯—停顿—连贯—停顿，间歇进行，连贯动作时手脚、重心调整一定要到位，冲击到支点后要尽快恢复身体平衡。必要时，可选好地段稍事休息，放松双手。进行练习时可以把各个动作分解成几个步骤，细细体味各处细节，分析如何才能节省体力。这样做熟了，实际攀登时根本不用考虑，条件反射就能做出正确动作。

### 6. 有效地休息

在一条攀登路线中肯定是有些地方简单，有些地方难，要想一口气爬完全程比较困难（除非这条线对你来讲很容易），所以想爬得高一些，应该会有效地进行休息。一般是到达一个比较容易的位置，以最省力的姿势，边休息边观察下一段要攀爬的线路。这一点在比赛过程中显得更为重要。因为在正式的比赛中，攀登路线对参赛者来说是完全陌生的，而且只有一次机会完成攀岩。

### 7. 主动去调节呼吸

初学者往往忽略这一点。攀爬路线是一个连续的过程，要从一开始就主动调节呼吸，不能等快坚持不住了再去调整。另外要强调一点，攀岩是一项极具危险的运动，只有装备质量合格，保护技术过硬，保护人员操作规范、认真，才能最大限度保障安全。因此，攀岩运动中如何保护自身安全是每个参与者都应该时刻注意的问题。

#### （三）攀岩的注意事项

（1）攀登岩壁前要做好充分的准备工作，检查必需的装备是否带齐、保护装置是否正确。正式攀岩前，要做好充分的准备活动。

（2）要观察清楚正确的攀岩路线，注意可能遇到的难点，做好克服难点的准备。

（3）攀登动作一定要做好"三点固定"，谨防蹿跳式攀登。

（4）攀登途中遇到的浮石或松动的石块，不要乱扔，要放置在安全处或通知下面的同伴注意后再作处理。

（5）要重视安全保护工作，攀岩者和保护者要密切配合，在没有充分安全的保护措施时应拒绝攀岩。

（6）在攀登中，切忌将草或小树枝等作为支点。有积雪或过于潮湿的地方不宜攀登。

（7）攀登者不能戴手套攀登，但要戴好安全帽。

（8）在攀登的过程中，要保持镇静，切忌惊慌失措。

### 三、攀岩比赛与装备

攀岩是从登山活动中派生出来的一项运动。攀登几千米的高峰，登山者即使选择最容易的路线，在途中也免不了要遇到一些悬崖峭壁，所以说攀岩也是登山运动的一项基本技能。

#### （一）攀岩运动的形式

从不同的角度可对攀岩运动进行不同的分类：按组织形式，可分为竞技攀登和自由攀登；按保护方式，可分为有先锋攀登和顶绳攀登；按运动场所，可分为人工场地攀登和自然场地攀登。其中，竞技攀登有难度赛、速度赛及攀石赛3种比赛项目。

#### （二）攀岩的种类

##### 1．难度攀岩

难度攀岩是以攀岩路线的难度来区分选手成绩优劣的攀岩比赛。难度攀岩的比赛结果是以规定时间内选手到达的岩壁的高度来判定的。在比赛中，队员下方系绳保护，带绳向上攀登并按照比赛规定，有次序地挂上中间保护挂索。比赛岩壁高度一般为15米，线路由定线员根据参赛选手水平设定，通常屋檐类型难度较大。

##### 2．速度攀岩

速度攀岩如同田径比赛里的百米比赛，充满韵律感和跃动感，按照指定的路线，以时间长短区分优劣。

##### 3．室内攀岩

室内攀岩是在一个高而大的房间内设置不同角度、不同难度的人工岩壁，在上面装有许多大小不一的岩石点，供人用四肢借助岩点的位置，手攀脚蹬。室内攀岩的难易程度可由人直接控制。岩壁也分为人工岩壁和天然岩壁。人工岩壁是人为设置岩点和路线的模拟墙壁。人工岩壁上的攀岩技术的训练，难易程度可随意控制，训练时间比较机动，但高度和真实感有限。天然岩壁是自然形成的悬崖峭壁，给人的真实感和挑战性较强，可自行选择攀岩的岩壁和攀岩路线及攀登地点，而且天然岩壁的路线变化丰富，如凸台、凹窝、裂缝、仰角等，可让你体会到

"山到绝处我为峰"的感受。

### （三）攀岩比赛

#### 1．单人攀岩

单人攀岩分男子单人和女子单人攀登比赛。这种比赛不仅比攀登技巧（包括技术水平、技术装备的应用），还比通过全部路线的速度（从出发地点到岩壁顶部，或又从顶部返回出发地点所用的时间）。比赛是在同一地形上进行的，运动员一个接一个地进行攀登。

#### 2．双人结组攀岩

此种攀岩为两人结组进行攀登，路线是由裁判员选好的指定路线。比赛攀登技术和速度上的具体要求与单人攀岩相同，不同的是要比赛互相保护的技术。

#### 3．自选路线攀岩

自选路线攀岩主要是运动员自己选择登上岩壁顶部和下降的路线。在攀登岩石坡面500～800米以外的地方，运动员利用裁判员提供的望远镜和绘图工具选择路线。在实地攀登时，不能离开自己选定路线20米以上。这种比赛不仅比攀登技术和速度，同时还比路线选择的优劣。

#### 4．集体（小队）攀岩

这种比赛与正规登山活动一样，参加者事先编好小队（4～6人），背负全套登山装备（睡袋、帐篷、炊具、保护器材、绳索、冰镐等），通过事先指定的路线，按指定地点搭设和拆除帐篷，途中交替保护。其比赛内容包括攀登技术、小队技术、保护技术、通过全部路线的快慢等，这个项目也可按小队自选路线进行攀登。

### （四）攀岩的装备

攀岩的装备器材是攀岩运动的一部分，是对攀岩者的安全的保障，尤其在自然岩壁的攀登中。因此，平时要爱护装备并妥善保管。攀岩装备分为个人装备和攀登装备。

#### 1．个人装备

个人装备指的是安全带、下降器、安全铁锁、绳套、安全头盔、攀岩鞋、镁粉和粉袋等。

安全带：攀岩用的安全带与登山安全带有所不同，为专用安全带，并不适合登山，但登山用安全带可在攀岩时使用。

下降器："8"字环下降器是最普遍使用的下降器。

安全铁锁和绳套：在攀登的过程中，休息或进行其他操作时安全铁锁和绳套可用来自我保护。

安全头盔：一块小小的石块落下来，砸在头上就可能造成生命危险。因此，头盔是攀岩的必备装备。

攀岩鞋：是一种摩擦力很大的专用鞋，穿起来可以节省很多体力。

镁粉和粉袋：手出汗时，抹一点粉袋里装着的镁粉，就不会打滑了。

#### 2．攀登装备

攀登装备是指绳子、铁锁、绳套、岩石锥、岩石锤、岩石楔等，有时还包括悬挂式帐篷。

绳子：攀岩一般使用直径9～11毫米的主绳，最好是11毫米的主绳。

铁锁和绳套：连接保护点，是下方保护攀登者必备的器械。

岩石锥：固定于岩壁上的各种呈锥状、钉状、板状的保护器械，多由金属制成，可根据裂缝的不同而选用。

岩石锤：钉岩石锥时使用的工具。

岩石楔：与岩石锥的作用相同，但可以随时放取的固定保护工具。

悬挂式帐篷：当准备在岩壁上过夜时使用的夜间休息帐篷，须通过固定点用绳子固定保护起来，悬挂于岩壁之上。

### 3．其他装备

其他装备包括背包、睡具、炊具、炉具、小刀、打火机等，视活动规模、时间长短和个人需要携带。

# 第三节　台球

## 一、台球运动概述

台球是一项娱乐性较强的运动项目，它既包含深奥的物理学、几何学知识，还存在激烈的竞争，具有很高的艺术观赏性。台球运动在室内进行，不受季节和气候变化影响，是一项老少皆宜的体育运动项目。

近年来，台球运动在我国日益普及，各类比赛广泛开展，从城市到乡镇，到处都能看到台球运动开展的热烈场面。台球运动具有极强的趣味性，有较多高超的击球技巧，参与者一旦掌握，就会感受到台球运动的无穷魅力。

## 二、身体姿势和握杆方法

### （一）身体姿势

身体要面向所击的主球与目标球。两脚约与肩齐宽站立（左脚稍前），左腿向前微屈，右腿伸直，右脚尖向外侧自然转动45°～80°。上体前俯，右肘提起，握杆手与肘关节处在同一条与地面相垂直的线上（图9-1）。两眼水平前视，使面部中线与球杆和右臂处在一个垂直面上（图9-2）。

图9-1　台球—身体姿势a

图9-2　台球—身体姿势b

击球时要全身放松，只在击球的一瞬间用力，两脚间的宽度与肩齐宽。身体要正面球台，击球时弯身向前俯，全身的重量要压在脚上，而决不能压在手上，以免影响击球。

### （二）握杆方法

握杆时要握牢球杆，不使球杆滑动，但又要使手处于松弛状态，这样击球才有力量、有弹性。最佳的握杆位置由球杆的重心位置、击球的力量和被击主球的位置这几个因素决定。一般球杆的重心位置在杆尾 1/4 ～ 1/3 处，凭手感大约可以估计出来。重心的测量方法为：伸直左手或右手的食指，将球杆摆在食指上，然后慢慢调整球杆的位置，使球杆平衡的那一点即球杆的重心位置。找到重心后，握杆的位置就可以确定了，一般是离重心向杆尾一端的 6 ～ 9 厘米处。击打不同位置的球时，握杆的位置也要适当变化。

## 三、击球动作结构与方法

台球的运动结构是由瞄准、架杆、运杆、出杆击球和随势跟进构成的。

瞄准是任何一位台球选手在击球开始前都必须做的动作。一般来说，在击球前首先要做的是走到目标球附近，看看目标球的下球路线。然后看一下目标球的下球击点，并确定瞄准点。最后需要做的就是击打主球，完成击目标球落袋的要求。

### （一）瞄准

#### 1．目标球线路的确定

（1）确定目标球进哪个袋更有利。

（2）确定目标球的中心和袋口中心连线间没有其他球来影响整个球体顺利进袋。

#### 2．目标球击点的确定

（1）在确定了目标球的下球线路后，即可确定目标球的击点。

（2）将目标球所对的球袋中心与目标球中心连成一条线并延长，这条线与目标球球体外缘相交，这个相交点便是目标球的击球点。

（3）可以先用球杆在目标球的击点上瞄一下，以便在心中留下一个清晰的目标球击点的印象。

#### 3．瞄准点的确定

（1）目标球上的击点确定后，接下来便要确定目标球的瞄准点。

（2）从目标球的击点向后移动一段与球体半径相等的距离，即得瞄准点。

### （二）架杆

架杆是为了用手给球杆一个稳定支撑并对杆头在主球的击球点进行调节。架杆是打好台球的重要环节。

#### 1．基本架杆方法

（1）"V" 形架杆（图 9-3）：先将整个手掌放在台面上，将拇指以外的四指分开，手背稍微弓起，拇指翘起和食指的根部相贴形成一个 "V" 形的夹角，球杆放在 "V" 夹角内。需要注意的是，架杆手的掌根、小拇指、食指及拇指处大鱼际部位要充分地贴住台面，切勿将架杆向左侧或右侧翻起，以确保架杆的稳定。

（2）圈指架杆（图9-4）：左手指张开，指尖微向内弯曲，用拇指和食指扣成一个指环，并与球杆成直角，掌握和中指、无名指、小指构成稳定的支撑。

图9-3  "V"形架杆　　　　　　　　　　　　　　图9-4  圈指架杆

第一种架杆方法常用在斯诺克台球中，第二种架杆方法多用在开伦台球、美式台球中。根据击打主球点不同，架杆手背可以平直、稍弓起和弓起来去找击球点的下、中、上点。

### 2．特殊架杆方法

台球比赛中，主球的位置是千变万化的。当主球靠近库边及主球后面有球时，都需要运用特殊的架杆方法。

（1）当主球靠近台面边时，架杆手的四指需压在台边上。

（2）当主球和台边有一定距离时，可以用架杆手的四指抓住台边。

（3）当主球后有其他球时，架杆的上手需要将四指立起来，避免球杆碰到球。

## （三）运杆

在击主球前，台球选手都会经历一个运杆的过程，这个过程包括三个部分：运杆、后摆和暂停。

### 1．运杆

在确定击打主球的部位后，便开始做运杆动作。

运杆时，身体要保持稳定，持杆的手臂前后运杆，运杆时应尽可能使球杆平直运摆。运杆的目的是获得击球的准确性，运杆的次数不宜太多，但运杆的节奏要均匀。

### 2．后摆

后摆的幅度大小取决于所需要的击球力量。

在肌肉用力相同时，后摆幅度大，球杆击球的力量也要大，后摆动作要做到"稳"和"慢"，以保证出杆的平直。

### 3．暂停

暂停是在出杆前的一个短暂的停顿，在暂停中击球人略屏住呼吸，减少胸廓由于呼吸产生的起伏，以此保证平稳出杆。

## （四）出杆击球

正确的握杆、身体姿势、架杆及运杆是进行有效击球的重要准备工作，而出杆触击球则是台球运动中最重要的环节，它决定最终击球的效果。

出杆击球是在后摆停顿后完成的动作。以肘关节为轴，前臂向前送出，触击球的瞬间，根据击球的要求，注意对手腕力量的控制，避免过分抖动手腕造成击球不准确。出杆时，肩部和身体不要用力，即便是打一个轻缓的球，出杆动作要果断、清晰。

### （五）随势跟进

击球后，球杆随势跟进，是为了保证击球的力量充分作用在主球上，也为保证击球动作的协调、连贯。适当的跟进动作对击球动作的完成起着重要的作用，跟进太多，杆头出得太长，会使肩、肘下沉，破坏击球动作的准确性，影响击球的质量。跟进太少，则会使击球动作发紧，力量不能有效作用于主球，也不能保持好出杆击球的稳定性。

# 第四节  保龄球

## 一、保龄球概述

保龄球运动在 20 世纪初传到中国。它的规则简单，易学易懂，场地环境好且伤害事故少，是一项集娱乐、休闲和竞赛为一体的健身运动。经常参加保龄球练习，可以有效地缓解运动不足，可以调节心境、提高心理素质，也是消除生活压力较好的运动方式。从事保龄球运动不受年龄和体格强弱的限制，只要掌握技巧，都能获得相当好的成绩。

## 二、比赛规则简介

一局保龄球分为 10 格，每格有两次投球机会，如在第一次投球全中，就不需要投第二球。每一格可能出现三种情况。

### （一）失球

无论何种情况，在一格两次投球，未能全部击倒 10 个瓶时，此格的分数为击倒的瓶数，未击中一个则用"—"符号表示。

### （二）补中

当第二次投球击倒该格第一球余下的全部瓶子时，称为补中，用符号"/"表示。补中的得分是 10 分加上下一次投球击倒的瓶数。

### （三）全中

当每一格的第一次投球击倒全部竖立的 10 个瓶时，称为全中，用符号"×"表示。

全中的得分是 10 分（击倒的瓶）加该球下两次投球击倒的瓶数。但在第 10 格中，情况比较特殊，如第二次投球未补中，则第 10 格的得分为第 9 格的得分加上第 10 格所击倒的瓶数；如第二次投球补中，则追加一次投球机会，第 10 格的得分为第 9 格的得分加上 10 再加上追加的一次投球击倒的瓶数；如第一球为全中，则追加两次投球机会，第 10 格的得分为第 9 格的得分加上 10，再加追加两次投球击倒的瓶数。因此，第 1—10 格的两次追加投球都为全中，则为 12 个全中，得分为满分 300 分。

## 三、比赛场地和器材

场地由平滑的木板道构成，球道两侧有沟槽。球体由硬胶和塑料混合制成，直径 21.5 厘米，圆周 68.5 厘米。有各种重量，但最重不得超过 7.26 千克。球上有 3 个孔便于手插入握球。

## 四、保龄球的健康价值

保龄球集健身、娱乐、趣味和人际交往于一身，是一项时髦的运动。保龄球是全身性的运动。经常参加保龄球运动，对青年人的正常发育和塑造匀称体型有很大益处。从事脑力劳动的人，进行保龄球运动，对恢复精力、消除疲劳、提高工作效率很有帮助。保龄球最大的特点是不受年龄、性别的限制，故而它是消除生活压力的最佳运动方式之一。

## 五、保龄球的基本技术

### （一）握球技术

握球是投球的开始，握球的好坏直接影响投球的效果。对于初学者来说，练习握球能为熟练掌握保龄球技术打下坚实的基础。正确的握球方法应为拇指完全伸入指孔，中指、无名指伸入指孔到第二指节，如图 9-5 所示。

图 9-5　握球技术

### （二）助跑滑步投球

四步助跑滑步投球动作是由准备姿势、助跑摆臂、滑步投球 3 个环节组成的，如图 9-6 所示。

图 9-6　助跑滑步投球

#### 1．准备姿势

面向瓶台，两脚前后开立，左脚在前，右脚在后，两脚之间相距约半个脚掌，先平稳地把身体重心移到左脚。右手握球，左手助握，右手前臂弯曲成直角。球与臂轴在同一个平面内，目光注视前方。

#### 2．助跑摆臂

准备姿势做好后，持球站立，使球体的中心点与球道上某个目标的箭头成一直线。一般初学者最好选用 2 号目标箭头，在整个助跑投球的动作过程中，眼睛要始终盯着 2 号目标箭头。握球的右手臂在发力和球的惯性作用下，由前摆过渡到后摆，同时迈出右脚，左手继续外展，身体重心移到右脚。

### 3.滑步投球

球因重力向下回摆，同时迈出左脚前脚掌贴着地面向正前方滑进。为使左脚在前冲力的作用下能够向前滑行，左脚跟不宜踩实。

### （三）握球摆动与放球

右手握球，左手助握，左、右手同时把球向前推出直至手臂伸直与水平面成45°，右手在球的重力作用下以肩为轴向前下方下摆、后摆、前摆，回摆至体侧时放球。放球时要有大拇指先行脱出指孔的感觉和中指、无名指向上钩提后脱出指孔的感觉。

### （四）投直线球

投直线球时，应持球站在第2块木板的边线上，与犯规线成90°投球，球通过4号目标箭头直击①号瓶。

### （五）投斜线球

沿左脚内侧线站立，以第5引导标点为落球点，将3号目标箭头表基征结与①～③号瓶连线进行投球，力争以最大入射角获全中球。

### （六）曲线球

曲线球分自然曲线球、短曲线球、大曲线球（弧线球）、反曲线球（反旋球）等不同类型。曲线球既能增大入射角，又能使球旋转，提高击球全中率。

## 六、保龄球礼仪知识

保龄球礼仪是大家必须自觉共同遵守的礼节和仪式。

（1）进入投球区时，必须更换保龄球专用鞋。

（2）等到瓶全部放置完成之后再投球。

（3）不可随便地进入投球区。

（4）先让已经准备好投球姿势的人投球。在发生两人同时进入投球动作的情况时，由右边的人优先进行投球。

（5）在投球区，投球的预备姿势不可保持太久。投球动作结束之后，不可长久地留在投球区。

（6）不可投出高球。

（7）不可干扰投球人的注意力及在投球区挥动保龄球。

### 课后训练

1. 台球可以分为哪几类？你知道世界上的哪些台球赛事？
2. 攀岩的练习方法有哪些？

# 参考文献

［1］ 白革利，杨渝疆，聂淼森.新编高职院校体育与健康教育教程［M］.北京：新华出版社，2015.

［2］ 曾文艺.体育与健康［M］.北京：中国人民大学出版社，2016.

［3］ 邓树勋.体育与健康［M］.广州：中山大学出版社，2001.

［4］ 高巍，赵栋.体育与健康［M］.北京：科学出版社，2018.

［5］ 金其荣.体育与健康·实践教育［M］.5版.北京：北京大学出版社，2015.

［6］ 李开广，唐伟.体育与健康［M］.北京：中国农业出版社，2006.

［7］ 刘益.体育与健康［M］.郑州：黄河水利出版社，2016.

［8］ 刘传进，朱礼金.体育与健康［M］.2版.北京：高等教育出版社，2015.

［9］ 刘维清，李小平.体育与健康［M］.南京：河海大学出版社，2004.

［10］ 吕建伟.体育与健康［M］.北京：机械工业出版社，2004.

［11］ 毛振明，郭立亚.大学生体育与健康［M］.北京：开明出版社，2017.

［12］ 毛振明.体育与健康［M］.北京：北京师范大学出版社，2015.

［13］ 梅华安.大学生体育与健康［M］.北京：航空工业出版社，2016.

［14］ 孟祥立，杜红宇.体育与健康［M］.天津：南开大学出版社，2010.

［15］ 沈家聪.体育与健康［M］.2版.北京：北京体育大学出版社，2009.

［16］ 束路西.体育与健康［M］.合肥：安徽大学出版社，2006.

［17］ 宋成多，李战.体育与健康［M］.北京：中国人民大学出版社，2017.

［18］ 宋旭，谭华，李涛.体育与健康课程标准与教材分析［M］.武汉：武汉大学出版社，2014.

［19］ 孙民治.球类运动：篮球［M］.北京：高等教育出版社，2001.

［20］ 孙麒麟.大学生体育与健康［M］.上海：上海交通大学出版社，2008.

［21］ 孙庆杰.田径［M］.北京：高等教育出版社，2001.

［22］ 王志强，徐国富.大学体育与健康教程［M］.西安：西安电子科技大学出版社，2014.

［23］ 吴兴伯.体育与健康［M］.沈阳：东北大学出版社，2005.

［24］ 杨文轩，陈琦.体育原理导论［M］.北京：北京体育大学出版社，2006.

［25］ 张玉超.大学体育与健康教程［M］.北京：高等教育出版社，2020.

［26］ 张云成.大学生体育与健康［M］.北京：中央广播电视大学出版社，2010.

# 附录

# 《国家学生体质健康标准》实施办法

一、《国家学生体质健康标准》(以下简称《标准》)的实施工作在教育部、国家体育总局的领导下，由各级教育行政部门管理，体育行政部门指导，学校组织实施。

二、《标准》的组织实施工作在校长领导下，由学校体育教研部门、教务部门、校医院（医务室）、学工部门、辅导员（班主任）协同配合共同组织实施。《标准》的测试应与学生的健康体检有机结合，避免重复测试。学生的《标准》测试成绩按评定等级记入《国家学生体质健康标准登记卡》，小学列入学生成长记录或学生素质报告书，初中以上学校列入学生档案（含电子档案），作为学生毕业、升学的重要依据。对达到及格以上成绩的学生颁发证章。《标准》的实施工作记入教师的教学工作量。

三、学生《标准》测试成绩达到良好及以上者，方可参加三好学生、奖学金评选；成绩达到优秀者，方可获体育奖学分。《标准》成绩不及格者，在本学年度准予补测一次，补测仍不及格，则学年《标准》成绩为不及格。普通高中、中等职业学校和普通高等学校学生毕业时，《标准》测试的成绩达不到50分者按肄业处理。

四、因病或残疾学生，可向学校提交免予执行《标准》的申请，经医疗单位证明，体育教学部门核准后，可免予执行《标准》，并填写《免予执行〈国家学生体质健康标准〉申请表》，存入学生档案。对确实丧失运动能力、免予执行《标准》的残疾学生，其仍可参加三好学生、奖学金、奖学分评选，毕业时《标准》成绩可记为满分，但不评定等级。

五、认真上好体育课、积极参加体育活动、每天锻炼时间达到一小时者，奖励5分，计入学年《标准》总成绩。

六、属下列情况之一者，其《标准》成绩记为不及格，该学年《标准》成绩最高记为59分。

1. 评价指标中400米（50米×8往返跑）、1 000米跑（男）、800米跑（女）、台阶试验的得分达不到及格者。

2. 体育课无故缺勤，一学年累计超过应出勤次数1/10者。

七、各地、各学校在实施《标准》时要树立"安全第一"的指导思想，健全各项安全保障制度，落实安全责任制，加强对场地、器材、设备的安全检查。要认真做好学生的体检工作，对生病学生实行缓测或免测。

八、全国各级各类学校每年均直接将本校各年级《标准》测试数据，通过中国学生体质健康网（网址中文域名：中国学生体质健康网），报送至教育部"国家学生体质健康标准数据管理系统"，上报数据的时间为每年 9 月 1 日至 12 月 31 日，上报测试数据的工具软件，由学校在中国学生体质健康网上免费下载使用。

九、高职、高专类学校参照有关要求执行。

十、教育部每年公布各省、自治区、直辖市实施《标准》的基本情况；每学年对教育部直属高校本科新生《标准》测试结果，按生源所在地进行统计，并以省、自治区、直辖市为单位进行公布。

十一、各地教育、体育行政部门对本地各级各类学校实施《标准》的情况，要认真检查监督。要将《标准》的实施情况纳入各级政府教育督导内容和评估指标体系，并作为对各级各类学校进行评优、表彰的基本依据。对弄虚作假、徇私舞弊者，给予通报批评，情节严重者，给予行政处分。

十二、为保证《标准》测试数据的科学性、准确性，各地、各学校招标、选用的《标准》测试器材必须是经国家认证认可监督管理委员会批准的相关认证机构认证合格的产品。

十三、本办法由教育部负责解释。